名もなき小さなおかず帖

平岡淳子◆著

ナツメ社

季節の食材で
気軽に作れる
小さな
おかずたち

日本という国に生まれ育ち、日々ワクワクすることのひとつに、四季の移り変わりがあります。近頃は多くの食材が通年出回るようになってきましたが、それでも、そのとき、その季節にしか出会えないものもまだまだたくさんあって、そんな「旬の食材」に出会えるとウキウキとうれしくなるものです。

例えば、芽吹きの季節の春には、ほろりと苦いものを食べ、体を目覚めさせる。暑い夏には、猛暑を乗りきれるよう、抗酸化作用の強い緑黄色野菜や、熱中症予防に水分の多い野菜を食べる。実りの秋には、きのこや根菜類など、消化器系の働きを高める食材を取り入れるようにする。寒い冬には、ほっこりと体を温めてくれる滋養豊かな食材を食べて免疫力を上げる…などと考えながら日々の食事を作っています。食べ頃（旬）を迎えた食材たちの栄養価は高く、その季節に必要な栄養素をバランスよく摂ることができますし、四季それぞれの気候や湿度、そのときどきの体調などに合わせて旬の食材を使ったおかずを食べるようにすると、自然に体の調子が整ってくるのを感じます。

また、「初物七十五日」という言葉があって、昔から初物は縁起がよく、「初物を食べると寿命が75日延びる」と言われてきました。初物とは、旬の走り、最初に出回るもののこと。この言葉に思いを馳せつつ、無病息災を願いながら、旬の食材を使った小さなおかずをテーブルに並べて、おいしく四季を楽しみたいと思っています。

簡単だけど
しっかり満たされる
おかずを並べるだけで
食卓は豊かになるのです

旬の食材をいくつか買って、さっとゆでてみる。少しのオリーブオイルとしょうゆを回しかけてみる。または、カリッと揚げて、塩をふる。香りのよいオイルをかけてみる。いつもの塩も、たまにはハーブが混ざったものに代えてみる。簡単だけど、そんなおかずを並べるだけで、食卓は豊かになるのです。日々のごはん作りは毎日続くのですから、あまり難しく考えなくて大丈夫。買い物へ出かけ、その日、目に留まり、手に取ったものとの出会いを大事にしたいと思っています。

「旬のもの」と言いますが、旬の時季は本当に短いなと最近つくづく思います。今日出会った食材を来週また食べたいと思っても、もう出会えないこともありますから。特に魚介類は「この日だったから出会えた」ものが多く、そのときどきの出会いを大切にしなければと思います。旬の食材は、お店の一番目立つ場所に広くイキイキと並べられていますから、すぐに見つかるはずです。お値段も手頃なので、ぜひ、手に取って食べてみてほしいと思います。おいしかったら、旬の間、何日か同じ食材が続いても、それはそれでよいものです。そのままで食べてみる、焼く、ゆでる、蒸す、揚げる…と、同じ食材をさまざまな方法で調理してみると、それぞれの違った味わいに触れることができ、楽しめると思います。こうして、ふと思い出したときに旬を意識して食べると、心も体もしっかりと満たされると思います。

CONTENTS

PART 1
春の名もなき小さなおかずたち

PART 2
夏の名もなき小さなおかずたち

PART 3
秋の名もなき小さなおかずたち

PART 4
冬の名もなき小さなおかずたち

PART 5

いつでも食べられる定番おかずたち

PART 6

何度も何度も作る我が家の定番作りおき

この本の使い方

◆材料は、その料理を作りやすい分量にしています。

◆計量単位は、大さじ1＝15㎖、小さじ1＝5㎖、1カップ＝200㎖、米1合＝180㎖です。

◆「少々」は小さじ⅙未満を、「適量」はちょうどよい量を入れることを示します。

◆野菜類は、特に記載のない場合、皮をむくなどの下処理を済ませてからの手順で説明しています。

◆電子レンジは600Wを基本としています。500Wの場合は、加熱時間を1.2倍にしてください。

◆オーブンは機種によって性能に差があるため、表示の温度と時間を目安に、ご使用のオーブンに合わせて調節してください。

◆フッ素樹脂加工のフライパンを使用しています。

◆作り方の火加減は、特に記載のない場合、中火で調理してください。

◆保存期間の記載があるものは、目安の期間です。清潔な密閉容器に入れて冷蔵庫で保存し、季節や保存状態によって保存期間に差が出るので、できるだけ早く食べきりましょう。

◆EVオリーブオイルは、エクストラ・バージン・オリーブオイルを示しています。

◆お好みの植物油は、菜種油や太白ごま油などのくせのない植物油がおすすめです。

◆ハーブ塩がない場合は、お好みのドライハーブと塩で代用できます。

◆和風だし汁は、昆布とかつお節でとっただし汁です。

PART 1

春の名もなき小さなおかずたち

麗らかなやさしい日差しに、心が躍る春のテーブル。
寒い冬を越えて、芽吹きだした旬の野菜や果物、
魚介の恵み。ふんわりと心地よい香りでウキウキ気分に。

たっぷり春野菜とベーコンのゆで野菜サラダ

やわらかくて甘い春野菜を存分に

材料　作りやすい分量

お好みの春野菜…適量
＊写真の野菜は
キャベツ…¼個
ブロッコリー…1株
グリーンピース…1パック
ヤングコーン…8本
厚切りベーコン…4枚
ドレッシング（下記）…適量

作り方

1 キャベツは食べやすい大きさのざく切りにし、ブロッコリーは小房に分ける。グリーンピースは鞘から出す。厚切りベーコンは3cm幅に切る。

2 鍋に湯を沸かし、1、ヤングコーンをゆでる。

3 器に盛り、ドレッシングをかける。

◆ドレッシング（作りやすい分量）

小さめのボウルにめんつゆ（3倍濃縮）大さじ3、レモン汁大さじ1、黒こしょう少々、はちみつ小さじ1、ハーブ塩小さじ1を入れ、EVオリーブオイル100㎖を少しずつ注ぎながら混ぜ、乳化させる。

春にんじんのドレッシングのサラダ

甘くてジューシーな春にんじんならではのドレッシングを

材料　作りやすい分量

お好みの葉野菜…適量
＊写真の野菜はグリーンリーフ（春菊や三つ葉など、何種類か混ぜてもおいしい）
春にんじんのドレッシング（P208参照）…適量

作り方

1 葉野菜は冷水に20分ほどさらしてシャキッとさせ、水けをしっかりきる。
2 器に盛り、春にんじんのドレッシングをかけて和える。

春のコールスローサラダ

春キャベツにアボカドが
とろりとからむ

材料　作りやすい分量

キャベツ……¼個
アボカド……1個
コーン缶……小1缶（150g）

ドレッシング
EVオリーブオイル……大さじ3
マヨネーズ……大さじ4
レモン汁……小さじ2
塩……小さじ¼
黒こしょう……適量（多めにガリガリ入れるのがおすすめ）
はちみつ……小さじ1

作り方

1 キャベツは太めのせん切りにし、塩水に20分ほどさらし、水けをきる。アボカドは1㎝角に切る。

2 ボウルに1、水けをきったコーンを入れ、混ぜ合わせたドレッシングを食べる直前に加えて和える。

＊キャベツを塩水にさらすこと、ドレッシングは食べる直前に和えることがポイント。

ケールとキヌアのシーザーサラダ

生命力の強いケールとキヌアのパワーサラダ

材料　作りやすい分量
ケール…1パック
キヌア…20g
シーザードレッシング（左記）…適量

作り方
1 ケールは食べやすい大きさに切る。キヌアは10分ほどゆでてからザルにあげ、冷ます。
2 器に盛り、シーザードレッシングをかけて和える。

◆シーザードレッシング（作りやすい分量）
マヨネーズ大さじ3、プレーンヨーグルト大さじ3、ハーブ塩小さじ¼、EVオリーブオイル大さじ2、黒こしょう少々、すりおろしたパルミジャーノ・レッジャーノ大さじ2を混ぜ合わせる。

ほたてと金柑、春菊のカルパッチョ

とろりとやわらかいほたてに甘酸っぱい金柑を重ねて

材料　2～3人分

金柑……6個
はちみつ……大さじ3
ほたて（刺身用）……10個
塩（あれば岩塩）・黒こしょう……各適量
EVオリーブオイル……適量
春菊……適量
しょうゆ……適量

作り方

1 金柑は輪切りにし、はちみつに漬けて冷蔵庫で半日ほどおく。

2 ほたては半分の厚さに切り、器に並べる。塩・黒こしょう各少々をふり、1をのせ、オリーブオイルをひと回しかける。

3 春菊は葉のやわらかい部分を摘んで2にのせ、オリーブオイルとしょうゆをひと回しずつかける。塩・黒こしょう各適量をふる。

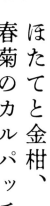

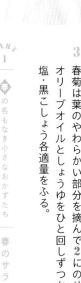

はっさくとディルのディップ

はっさくのはじける酸味とクリームチーズのマリアージュ

材料　作りやすい分量

はっさく……1個
はちみつ……適量
クリームチーズ……100g
ディル……1枝
バゲット（斜め切り）……適量

作り方

1 はっさくは薄皮をむき、種を取り除く。1㎝幅に切り、ひたひたのはちみつに漬けて冷蔵庫で半日ほどおく。
2 耐熱ボウルにクリームチーズを入れ、ふんわりとラップをして電子レンジで20秒加熱する。
3 2に1、ディルの葉を摘んで加えて混ぜる。
4 器に盛り、バゲットを添える。
＊お好みで黒こしょうをふってもおいしい。

そら豆とクリームチーズのディップ

ホクホクとしたそら豆のコクと濃厚なクリームチーズが美味

材料　作りやすい分量

そら豆……約10本（正味120g）
塩……少々
A
　クリームチーズ……30g
　バター……15g
　生クリーム……大さじ2
黒こしょう……適量
バゲット（斜め切り）……適量

作り方

1 そら豆は鞘から出し、塩ゆでして薄皮をむき、粗熱を取る。
2 フードプロセッサーに1、塩を入れ、なめらかになるまで撹拌する。A、黒こしょう少々を加え、さらに撹拌する。
3 器に盛り、黒こしょう少々をふり、バゲットを添える。

三つ葉とちくわのナムル

ちくわのボリューム感が絶妙！
朝食やおつまみに

材料　2〜3人分

三つ葉…1袋
ちくわ（大きいおでん用）…2本
ごま油…大さじ1
塩…少々
しょうゆ…小さじ2

作り方

1 三つ葉は2㎝幅に切る。ちくわは縦半分に切り、斜め薄切りにする。

2 ボウルに1、ごま油を入れて和え、塩、しょうゆを加えて和える。

かぶの千枚漬け風

真っ白でやわらかい春のかぶはみずみずしい漬けものに

材料　作りやすい分量

かぶ…3〜4個(小さければ増やす)
塩…ふたつまみ

A
寿司酢(市販)…50㎖
酢…大さじ1
砂糖…大さじ½
昆布…8㎝四方1枚

作り方

1 かぶは2㎜幅くらいの輪切りにし、ボウルに入れる。塩を加えてよく揉み込み、水けをきる。

2 ジッパーつき保存袋に1、Aを入れ、冷蔵庫で半日ほど漬ける。

クレソンと豚しゃぶのサラダ

ボリュームたっぷりの豚しゃぶをクレソンでさっぱりと

材料　2～3人分

クレソン…2～3束
酒…大さじ2
豚バラしゃぶしゃぶ用肉…200g

A
EVオリーブオイル…大さじ1
だしじょうゆ…大さじ1弱
白すりごま…小さじ1
レモン汁…¼個分

作り方

1 クレソンは冷水に20分ほどさらしてシャキッとさせ、下のかたい部分を切り落とし、3等分に切る。

2 鍋に湯を沸かして酒を加え、豚肉をしゃぶしゃぶして火を通し、ザルにあげて冷ます。

3 ボウルに1、2を入れて混ぜ、Aを加えて和える。

うるいとほたるいかの酢みそ和え

山菜のうるいとほたるいかで感じる春の香り

材料　2〜3人分
うるい……1パック
ほたるいか（ボイル）……適量
酢みそ（左記）……適量

作り方
1 うるいはさっと塩ゆでして冷水にとり、水けをきり、食べやすい大きさに切る。ほたるいかは目と背骨を取り除く。
2 器に盛り、酢みそをかける。

◆酢みそ（作りやすい分量）
白みそ大さじ3、酢大さじ2、砂糖大さじ2、からし小さじ¼を混ぜ合わせる。

かにかまと新玉ねぎのキッシュ

ジューシーな新玉ねぎとかにかまで簡単に

材料　直径23㎝のタルト型1個分

玉ねぎ…1個／かに風味かまぼこ…80g

冷凍パイシート…約20㎝×13㎝2枚／バター…15g

A［塩・黒こしょう…各少々

B［溶き卵…3個分／牛乳…50㎖／生クリーム…50㎖
ピザ用チーズ…60g／塩…ふたつまみ
黒こしょう…少々

お好みの植物油…適量／ディル…4枚

作り方

1 玉ねぎは縦、横半分に切って薄切りにする。かに風味かまぼこはほぐす。パイシートは常温に戻す。

2 フライパンにバターを熱し、玉ねぎを炒め、しんなりしたらかに風味かまぼこを加えて炒め、Aをふって炒める。

3 タルト型の内側に植物油を薄く塗る。パイシート2枚の端1㎝を重ねて指で押さえてくっつけ、タルト型の大きさに麺棒で伸ばす。

4 タルト型に敷き詰めてフォークで全体に穴をあける。パイシートにオーブン用のクッキングシートを重ねて上に重しをのせ、210℃に予熱したオーブンに入れ、200℃に下げて10分ほど焼く。シートと重しを外して、さらに8分ほど焼く。

5 4に2、混ぜ合わせたBを入れ、ディルの葉を摘んで散らす。

6 オーブンの温度を210℃に上げて20～25分焼く。食べやすい大きさに切り、器に盛る。

春野菜のラクレットチーズ焼き

えびやウインナーを入れるのもおすすめ

材料　作りやすい分量

お好みの春野菜…適量
＊写真の野菜は
じゃがいも…2個／芽キャベツ…6個
グリーンアスパラガス…4本／そら豆…8本
EVオリーブオイル…大さじ1
ラクレットチーズ…100g

作り方

1 じゃがいもはよく洗い、皮つきのまま4等分に切り、水に5分ほどさらし、水けをきる。耐熱ボウルに入れてふんわりとラップをし、電子レンジで5分加熱する。芽キャベツは半分に切る。

2 アスパラガスは根元のかたい部分を切り落とし、はかまを取り除き、3等分に切る。そら豆は鞘から出し、薄皮をむく。アスパラガスとそら豆はさっと塩ゆでする。

3 耐熱容器にオリーブオイルを塗り、**1**、**2**を入れる。ラクレットチーズをのせ（かたまりなら溶けやすいように切ってから）、オーブントースターで焼き色がつくまで焼く。

かつおのごま漬け

脂少なめ、あっさり味の初がつおを
甘辛だれでグッとおいしく

材料　3〜4人分

かつお（刺身用）……1さく

A
- しょうゆ……50ml
- 煮きりみりん……50ml
- 白すりごま……大さじ3

小ねぎ（小口切り）……2本分

作り方

1 かつおはひと口大に切り、混ぜ合わせたAに漬け、冷蔵庫で15分ほどおく。

いかのユッケ

肉厚でねっとりとした旨みの濃い
あおりいかを韓国風に

材料　2〜3人分

わかめ（戻したもの）……50g
長ねぎ……3cm
あおりいか（刺身用／細切り）……1杯分
卵黄……1個分／ごま油……小さじ2
しょうゆ……小さじ2／白炒りごま……小さじ1
刻みのり……適量

作り方

1 わかめは食べやすい大きさに切る。長ねぎは薄い小口切りにする。

2 器にあおりいかを盛り、1を添える。卵黄をのせ、ごま油、しょうゆ、白炒りごま、刻みのりをかける。

やりいかのセモリナ粉揚げ

セモリナ粉をまぶして揚げるだけ。イタリア料理の定番フリット

材料　3〜4人分

やりいか……4杯
セモリナ粉……適量
揚げ油……適量
レモン（乱切り）……適量
クレソン……あれば適量
塩（あれば岩塩）……少々
パプリカパウダー……適量

作り方

1 いかは内臓を取り除いて胴は輪切りにし、足は食べやすい大きさに切る。
2 1にセモリナ粉をまぶし、170〜180℃に熱した揚げ油でカリッと揚げる。
3 器に盛り、レモン、クレソンを添える。塩、パプリカパウダーをふる。

鯛と柑橘といちご、たっぷりディルのカルパッチョ

みずみずしくてフルーティー！
爽やかなハーブを散らして

材料　3〜4人分

鯛（刺身用）…1さく／塩（あれば岩塩）…適量
EVオリーブオイル…大さじ2／オレンジ…½個
はちみつ…小さじ1／いちご…2個
ディル…3枝／ピンクペッパー…少々
ホワイトバルサミコ酢…大さじ1

作り方

1 鯛は薄いそぎ切りにし、器に並べる。塩をしっかりめにふり、オリーブオイル大さじ1を回しかける。
2 オレンジは薄皮をむいて小さく切り、はちみつをからめる。いちごは小さく切る。ディルは葉を刻む。
3 1に2をのせてピンクペッパーを散らし、ホワイトバルサミコ酢、オリーブオイル大さじ1を回しかける。

レタスと春雨のスープ

シャキシャキのレタスと
つるつる春雨でのどごしよく

材料　2〜3人分

春雨（乾燥）……25g
レタス……¼個
水……600㎖
鶏がらスープの素（顆粒）……小さじ⅔
酒……大さじ1
塩……適量
黒こしょう……少々

作り方

1 春雨は熱湯で戻し、食べやすい長さに切る。レタスは1㎝幅に切る。

2 鍋に水を入れて沸かし、鶏がらスープの素、酒、1を加え、味をみて必要があれば塩を加えて味をととのえる。

3 器に盛り、黒こしょうをふる。

あさりとふきのとうのおみそ汁

生のふきのとうを最後に散らして春の香りを楽しんで

材料　2〜3人分

あさり（砂抜き済）…300g
和風だし汁…600ml
酒…大さじ1
みそ…大さじ3
ふきのとう…1個

作り方

1 あさりは殻をこすり合わせて洗う。

2 鍋に和風だし汁、**1**を入れて火にかけ、煮立ったら酒を加える。あさりの口が開いたら火を止め、みそを溶く。

3 ふきのとうは食べる直前に刻む。器に**2**を盛り、ふきのとうを散らす。

春だからこそ、木の芽をたっぷりのせて

材料　4人分

A
- 鶏ひき肉……400g
- 玉ねぎ（みじん切り）……½個分
- 溶き卵……1個分
- しょうゆ……大さじ1
- 酒……大さじ1
- 塩……少々
- 片栗粉……大さじ1

ごま油……小さじ1

B
- しょうゆ……大さじ2強
- 酒……大さじ2
- みりん……大さじ2
- 砂糖……大さじ2

木の芽……適量（あればたっぷり）

作り方

1 ボウルにAを入れ、白っぽくなり、粘りけが出るまでよく混ぜる。

2 フライパンにごま油を熱し、1を食べやすい大きさに丸く成形して並べ入れ、弱めの中火でこんがりと中まで火が通るように両面をじっくりと焼く。

3 Bを加えてふつふつと煮立て、たれをつくねにからめたら器に盛る。

4 木の芽をたたいて香りを出し、のせる。

木の芽たっぷりの
つくね

甘い卵焼き、菜の花あんかけ

菜の花あんで春を感じて

材料　2～3人分

卵…4個

A［砂糖…大さじ1
だしじょうゆ…小さじ2
塩…ふたつまみ

お好みの植物油…適量

菜の花あん(左記)…適量

作り方

1 ボウルに卵を割り入れ、Aを加えて溶く。

2 卵焼き用のフライパンに植物油をひき、1を入れて焼く。

3 2を食べやすい大きさに切って器に盛り、菜の花あんをかける。

◆菜の花あん（作りやすい分量）

1 菜の花1束はさっと塩ゆでして冷水にとる。水けをきり、1cm幅に切る。

2 鍋に酒50mℓ、和風だし汁400mℓ、塩ひとつまみ、しょうゆ大さじ3、砂糖大さじ1と½を入れ、煮立てる。1を加え、水溶き片栗粉(片栗粉大さじ1＋水大さじ3)大さじ2～3でとろみをつける。

わかめとしらすの卵焼き

磯の香りが広がる卵焼き

材料　2～3人分

わかめ(戻したもの)…50g

卵…5個

A［塩…ひとつまみ／酒…大さじ1

しらす干し…30g

お好みの植物油…適量

作り方

1 わかめは細かく刻む。

2 ボウルに卵を割り入れ、Aを加えて溶き、しらす、1を加えてさっと混ぜる。

3 卵焼き用のフライパンに植物油をひき、2を入れて焼き、切る。

春キャベツのスペイン風オムレツ

春キャベツとじゃがいもを卵で包み込む

材料 直径18㎝のフライパン1個分

じゃがいも…1個／キャベツ…⅛個

EVオリーブオイル…大さじ3／卵…5個

A
- 塩…ふたつまみ／黒こしょう…少々
- パルミジャーノ・レッジャーノ（すりおろし）…大さじ3

生ハム…3枚／パルミジャーノ・レッジャーノ…適量

黒こしょう…少々

作り方

1 じゃがいもは薄いいちょう切りにして水に5分ほどさらし、水けをきる。耐熱ボウルに入れてふんわりとラップをし、電子レンジで2分30秒加熱する。キャベツはせん切りにする。

2 フライパンにオリーブオイル大さじ1を中火で熱し、1を炒める。しんなりしたら火から下ろし、粗熱を取る。

3 ボウルに卵を溶き、Aを加えて混ぜ、2も加えて混ぜる。

4 2のフライパンをきれいにし、オリーブオイル大さじ1を強火で熱し、3を流し入れる。箸で手早く混ぜて半熟になったら弱火にして蓋をし、表面が固まりだしたら皿を使ってひっくり返し、弱～中火で中が固まるまで焼く。

5 4を8等分に切ってから器に盛り、生ハムをのせる。オリーブオイル大さじ1をかけ、パルミジャーノ・レッジャーノをすりおろし、黒こしょうをふる。

はまぐりと菜の花とトマトの酒蒸し

はまぐりの旨みがたっぷり！彩り鮮やかな一品

材料　2～3人分

はまぐり（砂抜き済）…8個／じゃがいも…3個
菜の花…1束／EVオリーブオイル…大さじ2
にんにく（みじん切り）…1かけ分
A［ホールトマト缶…1缶／塩・黒こしょう…各少々
白ワイン…50㎖／塩・黒こしょう…各適量

作り方

1 はまぐりは殻をこすり合わせて洗い、蝶番の黒い繋ぎ目部分は包丁やキッチンばさみで切り落とす。じゃがいもは4等分に切り、水に5分ほどさらし、水けをきる。菜の花はさっと塩ゆでして冷水にとり、水けをきり、半分に切る。

2 鍋にオリーブオイルとにんにくを入れて弱火にかける。にんにくの香りが出たらじゃがいもを加えてさっと炒め、Aを加えて15分ほど煮込む。

3 2に白ワイン、はまぐりを加えて蓋をし、弱めの中火にかける。はまぐりから塩けが出るので、はまぐりの口が開いたら味を確かめてから塩、黒こしょうで味をととのえる。菜の花を加えて1分ほど煮込む。

キャベツとあさりと春雨の蒸しもの

海の幸と山の幸の旨みを存分に味わって

材料　2～3人分

キャベツ……1/4個／あさり（砂抜き済）……300g
春雨（乾燥）……25g／豚バラ薄切り肉……200g
EVオリーブオイル……大さじ1
にんにく（みじん切り）……1かけ分
赤唐辛子（輪切り）……1本分／酒……50ml
塩・黒こしょう……各適量／だしじょうゆ……適量

作り方

1 キャベツは食べやすい大きさのざく切りにする。あさりは殻をこすり合わせて洗う。春雨は熱湯で戻し、食べやすい長さに切る。豚肉は4cm幅に切る。

2 鍋にオリーブオイル、にんにく、赤唐辛子を入れ、弱火でじっくり加熱する。にんにくが色づいたら、1、酒を加えて蓋をし、中火で加熱する。水分が足りない場合は、水を100～200ml足す。

3 あさりから塩けが出るので、あさりの口が開いたら味を確かめてから塩、黒こしょうで味をととのえる。豚肉に火が通ったら、器に盛る。だしじょうゆ、黒こしょうをかけて食べる。

アスパラの生ハムと豚肉巻き〜ハニーマスタードソース〜

巻いて焼くだけで簡単なのにちょっぴり豪華な気分に

材料　2〜3人分

グリーンアスパラガス……8本／生ハム……4枚
豚バラしゃぶしゃぶ用肉……8枚／EVオリーブオイル……小さじ1
黒こしょう……少々／ハニーマスタードソース（左記）……適量

作り方

1 アスパラガスは根元のかたい部分を切り落とし、はかまを取り除く。生ハムは縦半分に切る。
2 アスパラガスに生ハム、豚肉を順に巻く。
3 フライパンにオリーブオイルを熱し、**2**を入れて蓋をし、色よく焼く。
4 器に**3**を盛り、黒こしょうをふり、ハニーマスタードソースをかける。

◆**ハニーマスタードソース**（作りやすい分量）
はちみつ小さじ2、粒マスタード大さじ2、マヨネーズ大さじ4を混ぜ合わせる。

鶏もも肉とたけのこのトマト炒め

たけのこを洋風のおかずに。食べごたえ満点の春の主菜

材料　2〜3人分

鶏もも肉…1枚
A［塩…小さじ1／黒こしょう…少々
たけのこ（ゆでたもの）…1本／トマト…1個
EVオリーブオイル…小さじ2／バジル…6枚
酒…小さじ1／塩・黒こしょう…各適量
パルミジャーノ・レッジャーノ…適量

作り方

1　鶏肉は8等分に切り、Aをまぶす。たけのこは食べやすい大きさに切る。トマトは8等分に切る。

2　フライパンにオリーブオイルを熱し、鶏肉を皮目を下にして入れ、中火で両面をカリッと色よく焼く。たけのこを加えて両面をカリッと焼き、トマトを加える。強火にし、バジルを加えてさっと炒め、酒を回しかけ、塩・黒こしょう各適量で味をととのえる。

3　器に盛り、パルミジャーノ・レッジャーノをたっぷりすりおろし、黒こしょう少々をふる。

えびのクリーム煮とにんじんピラフ

えびの旨みでリッチな煮込み

材料　4人分

鶏もも肉……1枚／塩・黒こしょう……各少々／白菜……⅛個

マッシュルーム……1パック／バター……15g

A にんにく・しょうが（各すりおろしチューブ）……各3㎝

ローリエ……1枚

B 酒……大さじ1／牛乳……300㎖

チキンコンソメ（固形）……1個／塩……小さじ¼

むきえび……12尾

牛乳で溶いた片栗粉……片栗粉小さじ1＋牛乳大さじ1

にんじんピラフ（左記）……適量／黒こしょう……少々

作り方

1 鶏肉はひと口大に切り、塩、黒こしょうをふる。白菜はざく切り、マッシュルームは薄切りにする。

2 鍋にバターを熱し、鶏肉を皮目を下にして入れ、中火で両面をカリッと焼く。白菜の芯を加えて強火で炒め、透明感が出てきたら**A**を加えてさっと炒め、**B**、えび、マッシュルーム、白菜の葉を加え、中火で白菜をとろとろに煮込む。牛乳で溶いた片栗粉を加え、とろみをつける。

3 器ににんじんピラフ、**2**を盛り、黒こしょうをふる。

◆にんじんピラフ（2合分）

白米2合はといで炊飯釜に入れる。水を2合の目盛りまで注ぎ、昆布8㎝四方1枚、酒50㎖、しょうゆ大さじ1と½を加え、30分ほどおく。にんじん1本をすりおろして加え、塩小さじ1、ローリエ1枚を加えて炊飯する。炊き上がったら昆布とローリエを取り除き、バター10gを加えて混ぜる。

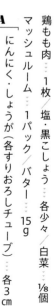

新玉ねぎとかぶのポトフ

豚肉と新玉ねぎ、かぶがとろけます

材料　作りやすい分量

豚肩ロースかたまり肉…600g／玉ねぎ…2個

かぶ…2個／キャベツ…½個／水…2ℓ

A［にんにく（つぶす）…2かけ分／ローリエ…2枚
　粒黒こしょう…小さじ1／塩…少々

塩…適量

作り方

1 豚肉は水でさっと洗い、食べやすい大きさに切る。玉ねぎは4等分に切る。かぶは皮を厚めにむき、半分に切る。キャベツはくし形切りにする（芯を切り落とさずに煮込むとバラバラになりにくい）。

2 直径24㎝くらいの鍋に水を入れて火にかける。沸騰する直前に1の豚肉を入れ、ゆらゆらと湯が動く程度の弱火で煮込む。アクが出始めても取らずにそのままにし、しばらくするとアクが茶色く固まってくるので、思いきってアクを大胆にすくう。水が減ったら減った分加え、アクを取り終えたら玉ねぎ、Aを加える。蓋をせずにとにかく弱火で肉がやわらかくなるまで2時間30分ほど煮る。

3 2にかぶ、キャベツを加え、塩で味をととのえ、かぶがやわらかくなるまで煮込む（とろとろのキャベツがお好みの方は、もっと早めに加えても）。

4 器に盛り、お好みで塩を添える。

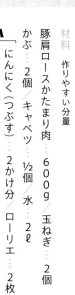

鯛とそら豆の唐揚げ

揚げたてを召し上がれ

材料　2〜3人分

鯛（刺身用）∵ 1さく／そら豆∵ 8本
唐揚げ粉（市販）∵ 適量
（袋の表示を確認し、
　鯛とそら豆の分量に合う量）
揚げ油∵ 適量

作り方

1 鯛は8等分に切る。
そら豆は鞘から出し、薄皮をむく。

2 1に唐揚げ粉をまぶし、
170〜180℃に熱した揚げ油で
カリッと揚げる。

新じゃがいもと牛肉のごまみそ和え

甘辛のごまみそが美味

材料　2〜3人分

新じゃがいも∵ 6個
牛バラかたまり肉∵ 200g
小ねぎ∵ 2本

お好みの植物油∵ 小さじ1
A［酒∵ 80㎖
　水∵ 50㎖
　砂糖∵ 大さじ2
甘ごまみそ（P206参照）
∵ 大さじ4

作り方

1 じゃがいもはたわしなどで
よく洗い、皮ごと半分に切る。
牛肉はひと口大に切り、
小ねぎは小口切りにする。

2 直径22㎝くらいの厚手の鍋に
植物油を熱し、牛肉を入れて強めの
中火でおいしそうな焼き色が
つくまで焼きつける。じゃがいもを
加えて炒め、透明感が出てきたら
Aを加えてさっと混ぜる。蓋をして
煮立ったら弱火にし、
じゃがいもに竹串がすっと
刺さるまで30分ほど、
時々混ぜながら蒸し煮にする。
甘ごまみそを加えてさっと和える。

3 器に盛り、小ねぎを散らす。

ほたてと三つ葉のかき揚げ

ほたての甘みを味わえる

材料　2〜3人分

ほたて（刺身用）…10個
三つ葉…1袋
薄力粉…½カップ
ベーキングパウダー…あれば小さじ¼
冷水…100㎖
（様子を見て量は加減）
揚げ油…適量

作り方

1 ほたては十字に4等分に切る。三つ葉は2㎝幅に切る。

2 ボウルに薄力粉、ベーキングパウダーを入れて混ぜ、冷水を加えて混ぜる。1を加えて混ぜる。

3 揚げ油を170〜180℃に熱し、2を適量ずつ入れ、カリッと揚げる。

＊お好みで塩を添える。

春キャベツ、えのき、豚肉、紅しょうがのかき揚げ

ウスターソースと相性◎

材料　2〜3人分

キャベツ…⅙個／えのきだけ…½袋
薄力粉…1カップ
ベーキングパウダー…あれば小さじ½
冷水…200㎖（様子を見て量は加減）
豚こま切れ肉…100g
紅しょうが…大さじ2／揚げ油…適量

作り方

1 キャベツはせん切りにし、えのきだけは半分の長さに切る。

2 ボウルに薄力粉、ベーキングパウダーを入れて混ぜ、冷水を加えて混ぜる。

3 揚げ油を170〜180℃に熱し、1、豚肉、水けをきった紅しょうがを加えて混ぜる。2を適量ずつ入れ、カリッと揚げる。

＊お好みでウスターソースを添える。

菜の花とえびの手まり寿司

ほろ苦い菜の花も酢飯に混ぜれば おいしいお寿司に

材料　およそ8個分

白米…1.5合

A
- 酒…大さじ1
- 昆布…10㎝四方1枚

菜の花…⅓束

塩…適量

ゆでえび…10尾

寿司酢
- 酢…30㎖
- 砂糖…大さじ1と½
- 塩…小さじ1と½

作り方

1 米はといで炊飯釜に入れ、**A**を加え、水を1.5合の目盛りより少し少なめに注ぎ、30分ほどおいてから炊飯する。

2 菜の花は塩で揉み、さっとゆでて水けをきり、細かく刻む。えびは1㎝角に切る。

3 **1**に混ぜ合わせた寿司酢を加え、しゃもじで切るように混ぜたら、菜の花も加えて混ぜる。

4 **3**を適量取り、えびを加えながらラップで包んで小さく丸くにぎる。

炊きたてごはんにしらすおろし

大根おろしとしらすがたっぷり。しょうゆをかけて召し上がれ

材料　2人分

大根…適量
炊きたてのごはん…茶碗2杯分
しらす干し…適量
かつお節…適量
しょうゆ…適量

作り方

1 大根はすりおろし、ザルにあげて水けをきる。
2 器にごはんをよそい、1、しらす干し、かつお節を順にのせ、しょうゆをかける。

春キャベツと春にんじん、しらすのチャーハン

口の中に春が広がるしっとりとした一品

材料　2〜3人分

キャベツ⋯⋯1/8個／長ねぎ⋯⋯1/2本
にんじん⋯⋯1/2本／卵⋯⋯3個／お好みの植物油⋯⋯小さじ3
ごはん⋯⋯茶碗2杯分／酒⋯⋯小さじ1／塩⋯⋯適量
黒こしょう⋯⋯適量／しらす干し⋯⋯1/2カップ
しょうゆ⋯⋯小さじ1

作り方

1 キャベツ、長ねぎは粗みじん切りにし、にんじんは5㎜角に切る。卵は溶く。

2 フライパンに植物油小さじ2を熱し、溶き卵を流し入れ、ふんわりと炒めたら一度取り出す。

3 **2**のフライパンに植物油小さじ1を熱し、にんじんを炒める。火が通ったらキャベツ、長ねぎ、塩少々を加えて炒め、キャベツがしんなりしてきたら、ごはん、酒、塩・黒こしょう各少々を加えて炒める。

4 **3**にしらす干しを加え、**2**を戻し入れて炒め、しょうゆを回し入れてさっと炒め、黒こしょうをふる。

焼き菜の花とハム、カマンベールチーズ、目玉焼きのバゲットサンド

焼いた菜の花の香ばしさがくせになる味

材料　2人分

菜の花…½束／EVオリーブオイル…適量

塩…少々／カマンベールチーズ…½個

卵…2個／塩・黒こしょう…各少々

バゲット(20㎝長さ)…2本／バター…適量

お好みのハム…4枚／マヨネーズ…適量

作り方

1 フライパンにオリーブオイル小さじ2を熱し、菜の花を入れて塩をふり、しっかりと焼き、取り出す。

2 カマンベールチーズはおうぎ形になるように6等分に切る。1のフライパンにオリーブオイル適量を熱し、卵を割り入れ、塩、黒こしょうをふり、ひっくり返して両面焼きの目玉焼きを作る。

3 バゲットは半分くらいの厚みのところに切り目を入れ、バターを塗る。ハム、2、1をはさんでマヨネーズをかけ、サンドする。

ほたるいかのハーブトマトスパゲッティ

ほたるいかの旨みにハーブをきかせて！

材料　2～3人分

ほたるいか（ボイル）……適量／スパゲッティ……180g

EVオリーブオイル……大さじ1

にんにく（みじん切り）……1かけ分

ホールトマト缶……½缶／はちみつ……小さじ1

白ワイン……大さじ2／ドライオレガノ……小さじ1

ドライバジル……小さじ1

パルミジャーノ・レッジャーノ……適量

作り方

1 ほたるいかは目と背骨を取り除く。

2 スパゲッティは袋の表示より1分ほど短くゆでる。

3 フライパンにオリーブオイル、にんにくを入れて弱火にかけ、ふつふつと香りが出るまで炒めたら、トマト缶、はちみつ、白ワインを加えて蓋をする。ソースが少しとろっとしてきたら1を加え、さっと炒める。

4 3に2のスパゲッティ、ゆで汁をお玉⅓杯ほど加え、汁けがなくなるまで強火で加熱する。

5 器に盛り、パルミジャーノ・レッジャーノをすりおろす。ドライオレガノ、ドライバジルを加え、さっと混ぜる。

COLUMN 平岡さんのごはんの秘密 1

食事って心身を整えて元気を得るもの。

家族の丈夫な体作りを任されている我が家の「ごはん担当」である私は、
大げさかもしれませんが「家族の命を預かっている」ということを
いつも忘れずにいたいなと思っています。
「今日食べるものがこれからの自分を作る」ことを忘れないように。

そのために一番簡単だと思えることのひとつが
「そのとき、一番勢いのあるものを食べること」だと思うのです。
はじめにもふれましたが、今からずっとずっと昔、
まだ栄養学なんてなかった時代から「初物は縁起がよい」と人々が感謝し、
「初物を食べれば七十五日寿命が延びる」と言われてきました。
こうして受け継がれてきたことには、きっと意味があると思っています。
先人たちの教えと知恵を生かしていきたい。

家族の様子をみて、それぞれの季節に必要なものを
積極的に取り入れるようにしています。

春の花粉の季節には、免疫力を上げる春キャベツや春にんじんを多く食べるようにしたり、いちごや柑橘類を食べてビタミンを補ったり。

ここ数年の夏は、あまりの暑さに外で何かをすることが減ってきていますので、冷房での冷えに気を配り、冷たいものを摂りすぎにないようにして家では温かいものも食べるように。

秋から冬にかけては喉や肌の乾燥や感染症に注意して白菜やブロッコリーなどの冬野菜やきのこ類を食べる。

寒い冬には体を温める鶏肉や牛肉を選んだりと、

もちろん食べ物だけで全てが解決するわけではないですが、少し意識してみるだけでも何か変わると思うのです。

食べることで体が整うと、体調がよくなり健康になる。

健康でいられれば自分が心地よくいられると思うので、心も穏やかに自然とやさしい感情で過ごすことができるような気がしています。

楽しんでおいしく食べることができれば、それはとても幸せなことですし、心と体のバランスが整うことにつながると思います。

元気で長生きすることが目標です。

できることをできる範囲で続けていきたいと思う今日この頃です。

PART 2

夏の名もなき小さなおかずたち

燦々《さんさん》とふり注ぐ太陽の光を浴びて、元気に育った夏野菜や果物のおかずたち。甘くてみずみずしい、この時季だからこそ味わえる味覚をテーブルいっぱいに。

スイカとトマトのガスパチョ

火照《ほて》った体を冷やしてくれる夏のスープ

材料　2〜3人分
スイカ……¼個
フルーツトマト……1個
A［バジル……3枚
　ミント……5枚
塩……ふたつまみ
EVオリーブオイル……適量

作り方
1　スイカ、トマトはひと口大に切る。
2　ミキサーに1、Aを入れ、撹拌する。
3　器に盛り、オリーブオイルをかける。
＊お好みで黒こしょうをふっても。甘みがほしければ、はちみつを適量入れても。

焼きパプリカとたこ、オレンジ、ディルのマリネ

とろりと甘いパプリカと爽やかなオレンジが美味

材料　2～3人分

パプリカ（赤）……1個
ゆでだこ（足）……1本
オレンジ……1個
ディル……少々

A
EVオリーブオイル……大さじ1
ホワイトバルサミコ酢または寿司酢（市販）……小さじ1

塩（あれば岩塩）・黒こしょう……各少々

作り方

1 パプリカは直火で皮全体が真っ黒になるまで焼き、皮をむく。冷ましてひと口大に切る。たこは薄切りにする。オレンジは薄皮をむき、1房ずつ取り出す。

2 ボウルに**1**、ディルの葉、**A**を入れてさっと和え、冷蔵庫で冷やす。

3 器に盛り、塩、黒こしょうをふる。

ズッキーニと松の実、レーズンのマリネ

甘くてみずみずしいズッキーニをたっぷりどうぞ

材料　2〜3人分

ズッキーニ…2本
EVオリーブオイル…小さじ2
塩・黒こしょう…各少々
A
松の実・レーズン…各大さじ2
ホワイトバルサミコ酢または寿司酢（市販）…大さじ1
塩（あれば岩塩）・黒こしょう…各少々

作り方

1　ズッキーニは約8㎜幅の輪切りにする。グリルパンまたはフライパンにオリーブオイルを熱し、焼き色がつくまで焼いて塩、黒こしょうをふる。

2　ジッパーつき保存袋に1、Aを入れ、冷蔵庫で冷やす。

オクラとトマトのだし漬け

だしじょうゆに漬けるだけで夏の一皿に

材料　2〜3人分

オクラ……1パック
トマト……1個
だしじょうゆ……大さじ1

作り方

1 オクラは板ずりし、ヘタとガクを切り落とし、ゆでる。粗熱が取れたら斜め半分（大きいものは3等分）に切る。トマトはひと口大に切る。

2 ボウルに1、だしじょうゆを入れ、冷蔵庫で3時間以上漬ける。

ミニトマト、きゅうり、うずらの卵のピクルス

フレッシュな夏野菜をピクルスにして作りおきに

材料　作りやすい分量

赤唐辛子（半分に切って種を取り除く）…1本分
ローリエ…1枚

甘酢
酢…大さじ3
砂糖…大さじ2

きゅうり…1本
ミニトマト…6個
うずらの卵（水煮）…6個

作り方

1 甘酢の材料を合わせ、砂糖が溶けるまで混ぜる。きゅうりは乱切りにする。
2 保存容器に全ての材料を入れ、冷蔵庫で3時間以上漬ける。

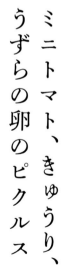

紫玉ねぎ、たこ、枝豆、春雨、きゅうりのサラダ

コリコリした食感が楽しい！

材料　2～3人分

ゆでだこ（足）⋯1本／春雨（乾燥）⋯25g
きゅうり⋯1本／紫玉ねぎ⋯¼個
ゆで枝豆⋯正味½カップ

A
EVオリーブオイル・スイートチリソース⋯各大さじ2
ナンプラー⋯小さじ1～2
塩・黒こしょう⋯各少々

作り方

1 たこは薄切りにする。春雨は熱湯で戻し、冷まして、長ければ食べやすい長さに切る。きゅうりは輪切りにする。紫玉ねぎはみじん切りにし、水にさらし、水けをきる。

2 ボウルに**1**、ゆで枝豆、**A**を入れ、和える。

＊お好みでパクチーやミントなどを入れて香りを楽しんでも。

トマト、とうもろこし、いか、ピーマン、紫玉ねぎ、オリーブのサラダ

一粒一粒に夏を感じるサラダ

材料　2～3人分

するめいか⋯1杯／トマト⋯1個／ピーマン⋯1個
とうもろこし⋯1本／紫玉ねぎ⋯¼個
黒オリーブ⋯25g／EVオリーブオイル⋯大さじ3
レモン汁⋯大さじ1／塩・黒こしょう⋯各少々

作り方

1 いかは内臓を取り除いて胴は輪切りにし、足は食べやすい大きさに切り、さっと塩ゆでして冷ます。トマトは1㎝角に切り、ピーマンは8㎜角に切る。とうもろこしはゆで、包丁で実をこそげ取る。紫玉ねぎはみじん切りにし、水にさらし、水けをきる。黒オリーブは種を取り除き、輪切りにする。

2 ボウルに全ての材料を入れ、和える。

木綿豆腐、じゃこ、塩昆布、ナッツ、薬味のサラダ

カリカリ食感と薬味で爽やかに

材料　2〜3人分

木綿豆腐（島豆腐もおすすめ）……1丁
ミックスナッツ・ちりめんじゃこ……各大さじ2
塩昆布……大さじ1と½
薬味ミックス（左記）……大さじ4
EVオリーブオイル……大さじ1〜2
だしじょうゆ……大さじ1

作り方

1　豆腐はキッチンペーパーに包んで水きりし、1㎝より少し大きめの角切りにする。ミックスナッツは粗く刻む。

2　ボウルに全ての材料を入れ、和える。

◆**薬味ミックス**（作りやすい分量）

小ねぎ8本、みょうが3本はそれぞれ小口切りにし、青じそ10枚は半分に切ってせん切りにする。全てを冷水に5分ほどさらし、水けをきる。キッチンペーパーを敷いた保存容器に入れ、冷蔵保存する。

しらすとレタスのレモンドレッシングサラダ

レタスをシャキッとさせることがおいしさの秘訣

材料　2〜3人分
レタス…½個
しらす干し…ひとつかみ
レモンドレッシング（P208参照）…適量

作り方
1　レタスは大きくちぎる。
2　器に1、しらすを盛り、レモンドレッシングをかける。ドレッシング用に搾ったレモンを添える。
＊お好みで黒こしょうをふる（たっぷりがおすすめ）。

みょうがとアボカド、わかめのサラダ

アボカドを香味野菜、海藻と組み合わせてさっぱりと

材料　2〜3人分

みょうが……1本
アボカド……1個
わかめ（戻したもの）……20g

A
EVオリーブオイル……大さじ1
白炒りごま……小さじ2
だしじょうゆ……小さじ1
塩（あれば岩塩）・黒こしょう……各少々

作り方

1 みょうがは薄い小口切りにし、アボカドは小さめのひと口大に切る。わかめは食べやすい大きさに切る。

2 器にアボカド、わかめ、みょうがを順に盛り、**A**を記載の順にかける。

きゅうり、かまぼこのマヨネーズこしょう和え

黒こしょうは多めにふって

材料　2〜3人分

きゅうり……1本
かまぼこ……120g
A マヨネーズ……大さじ2
　黒こしょう……適量（多めでも）

作り方

1 きゅうり、かまぼこは4cm長さの拍子木切りにする。
2 1、Aを食べる直前にさっと和える。

きゅうり、豆もやし、ツナのごまナムル

食感が楽しい止まらぬおいしさ

材料　2〜3人分

きゅうり……1本
豆もやし……1袋
ツナ缶……90g（油や水分をきる）
ごま油……大さじ2
白炒りごま……大さじ1
しょうゆ……大さじ1
塩・黒こしょう……各少々

作り方

1 きゅうりは4cm長さのせん切りにし、豆もやしは塩ゆでして冷ます。
2 全ての材料を和える。

切って焼くだけ。のせるだけ。

焼きチーズトマト

フライパンをそのまま出して
焼きたてを召し上がれ

材料　2〜3人分

トマト…2個
EVオリーブオイル…小さじ1
（くっつきやすいフライパンならもう少し多めに）
ハーブ塩…少々
ピザ用チーズ…ひとつかみ
刻みパセリ・黒こしょう…各適量

作り方

1 トマトは横に8㎜幅の輪切りにする。
2 フライパンにオリーブオイルを中火で熱し、1を入れて両面を焼く。ハーブ塩をふり、ピザ用チーズをのせて蓋をする。チーズが溶けるまで加熱し、パセリを散らし、黒こしょうをふる。

しし唐辛子のグリル

魚焼きグリルで焼くだけで完成！
あれば万願寺唐辛子でも

材料　2〜3人分

しし唐辛子…8本
EVオリーブオイル・塩（あれば岩塩）…各適量

作り方

1 しし唐辛子は竹串で2ヶ所ほど穴を開ける。
2 くっつかないタイプのアルミホイルに1をのせ、オリーブオイルをさっとかける。魚焼きグリルに入れ、焼き色がつくまで焼く。
3 器に盛り、塩をふる。

ズッキーニ、ベーコンのチーズ焼き

ジュワ～ッと旨みたっぷりのスープが溢れ出す

材料　2～3人分

ズッキーニ……大1本
EVオリーブオイル……適量
ハーブ塩……少々
ベーコン……6枚
ピザ用チーズ……ひとつかみ

作り方

1 ズッキーニはピーラーで縦に薄く切る。

2 耐熱容器にオリーブオイル小さじ1を入れて内側全体に塗り、1、ハーブ塩、ベーコン、ピザ用チーズの順に重ね、さらに1、ハーブ塩、ベーコン、1、チーズの順に重ね、オリーブオイル適量をかける。

3 オーブントースターに入れ、チーズに焼き色がつくまで焼く。

パイナップルのモッツァレラ、ミントのせ

ジューシーなパイナップルの新しい食べ合わせ

材料　2～3人分

パイナップル……1/4個
モッツァレラチーズ……1個
ミント（刻む）……5枚分
EVオリーブオイル……大さじ1～2
はちみつ・塩（あれば岩塩）・黒こしょう……各少々

作り方

1 パイナップルは5㎜幅くらいの薄切りにする。
2 器に1を盛り、モッツァレラチーズを小さくちぎってのせ、ミントを散らす。オリーブオイル、はちみつをかけ、塩、黒こしょうをふる。

かつおとガリ

甘辛いガリがアクセント

材料　2〜3人分

かつお（刺身用、できれば腹側）……1さく
ガリ（しょうがの甘酢漬け）……大さじ3
EVオリーブオイル……大さじ1〜2
しょうゆ……大さじ1

作り方

1 かつおは8㎜幅くらいに切る。ガリは大きければ粗く刻む。

2 器にかつおを盛り、ガリをのせる。オリーブオイル、しょうゆを回しかける。

味玉の紫玉ねぎときゅうりのせ

ちょっとつまみたいときに

材料　2〜3人分

味玉（左記）……3個
紫玉ねぎ……¼個
きゅうり……½本

作り方

1 味玉は縦半分に切る。紫玉ねぎは薄切りにし、冷水に5分ほどさらし、水けをきる。きゅうりは5㎝長さのせん切りにする。

2 器に味玉を盛り、紫玉ねぎ、きゅうりをのせる。

＊お好みでマヨネーズと白すりごまをかける。

◆**味玉**

ゆで卵1個につき、めんつゆ（3倍濃縮）大さじ1、酢小さじ1に漬けて冷蔵庫で半日以上おく。

ごまたこ

すりごまをまぶすだけ！

材料　2〜3人分

ゆでだこ（足）……2本
白すりごま……大さじ1

作り方

1 たこは薄切りにする。

2 ボウルに1、白すりごまを入れ、和える。

＊お好みでしょうゆをかける。

たこ、茶豆、ディルのブルスケッタ

爽やかマリネをのせて

材料　2〜3人分

バゲット（1〜2㎝幅の輪切り）……6枚
ゆでだこ（足）……1本
ディル……2枚
ゆで茶豆……正味100g
EVオリーブオイル……大さじ1
ハーブ塩……少々

作り方

1 バゲットはオーブントースターでカリッとするまで焼く。たこは8㎜角に切り、ディルは葉を摘み、刻む。

2 ボウルにバゲット以外の材料を全て入れ、混ぜる。

3 バゲットに**2**をのせる。

トマトブルスケッタ

トマトでしっとり食感

材料　2〜3人分

バゲット（2㎝幅の斜め切り）……6枚
にんにく……1かけ
トマト……1個
EVオリーブオイル……大さじ1
塩（あれば岩塩）……適量

作り方

1 バゲットはオーブントースターでカリッとするまで焼く。

2 **1**に半分に切ったにんにくの断面をすりつけ、さらにトマトも半分に切って断面をすりつける。オリーブオイルを回しかけ、塩をふる。

モッツァレラ、枝豆のパプリカドレッシングのサラダ

ドレッシングがおいしい

材料　2〜3人分

モッツァレラチーズ⋯1個
ゆで枝豆⋯正味100g
パプリカドレッシング（P206参照）⋯大さじ2〜3

作り方

1 モッツァレラチーズは小さくちぎる。

2 器に枝豆、モッツァレラチーズを盛り、パプリカドレッシングをかける。

ゆでじゃがいもとたこのバジルソース和え

バジルソースが爽やか

材料　2〜3人分

じゃがいも⋯2個
ゆでだこ（足）⋯1本
バジルソース（P206参照）⋯大さじ2

作り方

1 じゃがいもは皮をむいてひと口大に切り、ゆでる。たこは薄切りにする。

2 ボウルに1、バジルソースを入れ、和える。

おかひじきととうもろこしのペペロンチーノ

夏を感じるガーリック炒め。
パスタにアレンジしても

材料　2〜3人分

おかひじき……1パック
とうもろこし……1本
A［にんにく（つぶす）……½かけ分
　赤唐辛子（種を取り除く）……1本分
　EVオリーブオイル……大さじ1
塩（あれば岩塩）・黒こしょう……各適量

作り方

1　おかひじきは食べやすい長さに切る。とうもろこしは包丁で実をこそげ取る。
2　火をつけていないフライパンにAを入れ、弱火にかける。にんにくがふつふつして薄く色づいてきたら1を加え、強めの中火にして火が通るまで炒める。塩、黒こしょうで味をととのえる。

＊お好みでしょうゆをかけて食べても。

油揚げのしそ、ハム、チーズ、とうもろこし詰め

油揚げに夏の味覚を詰め込んで。青じそが爽やか

材料　2〜3人分

油揚げ……2枚
ハム……1枚
とうもろこし……½本
青じそ……4枚
ピザ用チーズ……小さじ4
甘ごまみそ（P206参照）……適量

作り方

1 油揚げは半分に切り、破らないように袋状に開く。ハムは4等分になるように十字に切る。とうもろこしは包丁で実をこそげ取る。
2 開いた油揚げに青じそ、ハム、とうもろこし、ピザ用チーズ、甘ごまみそを入れ、爪楊枝でとめる。
3 オーブントースターまたは魚焼きグリルで焼き色がつくまで焼く。

ころころオクラのカリカリ揚げ

材料　2〜3人分

オクラ……1パック

A
にんにく・しょうが（各すりおろしチューブ）……各1cm
酒・砂糖……各小さじ1

揚げ油……適量

片栗粉……大さじ2

作り方

1 オクラは板ずりして水けをきり、ヘタとガクを切り落とし、3等分に切る。

2 Aを混ぜ合わせ、1にからめる。

3 揚げ油を180℃に熱し、2に片栗粉をまぶしてカリッと揚げる。

空芯菜のかき揚げ

材料　2〜3人分

空芯菜……1束

A
薄力粉……1カップ／塩……少々
冷水……200mℓ（様子をみて量は加減）

揚げ油……適量／塩……適量

作り方

1 空芯菜は5cm幅に切る。Aは混ぜ合わせる。

2 揚げ油を180℃に熱し、空芯菜をAにくぐらせてカリッと揚げる。

3 器に盛り、塩をつけて食べる。

バナナの天ぷら

材料　2〜3人分

バナナ……2本

A
薄力粉……25g／片栗粉……25g
水……50mℓ／溶き卵……1個分

揚げ油……適量

砂糖（あれば粉砂糖）……大さじ1

作り方

1 バナナは3等分に切る。Aは混ぜ合わせる。

2 揚げ油を180℃に熱し、バナナをAにくぐらせてカリッと揚げる。

3 揚げたてに砂糖をふりかける。そのまま、またはお好みでマスカルポーネチーズとメープルシロップをつけて食べる。

ズッキーニの天ぷら

材料　2〜3人分

ズッキーニ……1本

A
薄力粉……1カップ／塩……少々
冷水……200mℓ（様子をみて量は加減）

揚げ油……適量

B
塩……大さじ1／カレー粉……小さじ½

作り方

1 ズッキーニは8mm幅の輪切りにする。AとBはそれぞれ混ぜ合わせる。

2 揚げ油を180℃に熱し、ズッキーニをAにくぐらせてカリッと揚げる。

3 器に2を盛り、Bをお好みの量ふる。

揚げ鶏のサルサポン酢がけ

サルサポン酢で肉料理もさっぱり

材料　2〜3人分

鶏もも肉……2枚

A
- ハーブ塩……小さじ2
- 酒……小さじ1
- 溶き卵……1個分

B
- 薄力粉・片栗粉……各大さじ3

揚げ油……適量

サルサソース（P206参照）・ポン酢しょうゆ……各適量

作り方

1 鶏肉はひと口大に切る。AとBはそれぞれ混ぜ合わせる。

2 鶏肉にAを揉み込み、Bをまぶす。揚げ油を180℃に熱し、カリッと揚げる。

3 揚げたてにサルサソースとポン酢しょうゆをかける。

水なすとほたてのサラダ

あっさりとした水なすで
食欲がない日でもおいしく

材料　2〜3人分

水なす……1本

ほたて（刺身用）……6個

A
- EVオリーブオイル……大さじ2
- しょうゆ……小さじ1
- 塩（あれば岩塩）……少々

レモン（くし形切り）……適量

黒こしょう……少々

作り方

1 水なすは手で食べやすい大きさに裂く。ほたては半分の厚みに切る。

2 ボウルにAを入れ、よく混ぜ合わせる。

3 器に1を盛り、2をかけてレモンを搾り、黒こしょうをふる。

厚切り豚バラ焼き、はちみつ酢しょうが

夏バテ気味かな？と思ったら、ぜひ食べてほしい一品

材料　2～3人分

豚バラ厚切り肉…300g
塩・黒こしょう…各少々
はちみつ酢しょうが
［しょうが（みじん切り）…2かけ分
　酢…大さじ2
　はちみつ…大さじ1

作り方

1 豚肉は食べやすい大きさに切り、塩、黒こしょうをふる。

2 フライパンを中火で熱し、**1**を入れて両面をカリッと焼く。

3 器に盛り、混ぜ合わせたはちみつ酢しょうがを添える。

かじきの塩麹ナンプラー漬け焼き

エスニック風味の味つけで、暑い日のおかずにどうぞ

材料　2人分

かじき（切り身）…2切れ

A
塩麹…大さじ1
ナンプラー…小さじ2

作り方

1 かじきに混ぜ合わせたAを揉み込み、冷蔵庫で3時間〜半日ほどおく。

2 1を魚焼きグリルかフライパンで焼く。（フライパンで焼く場合は、くっつかないタイプのアルミホイルを敷くか、くせのない植物油を少しひく。）

＊お好みでパクチーを添える。

ささみ、冬瓜、きゅうりのピリ辛ごまだれ

シャキシャキ食感で爽やか

材料 2～3人分

ゆでささみ（左記）……6本
きゅうり……1本
ミニ冬瓜……1/4個
ピリ辛ごまだれ（下記）……適量

作り方

1 ゆでささみはほぐす。きゅうりは細切りにする。冬瓜は8㎜幅のいちょう切りにし、塩ゆでして冷ます。

2 器に1を盛り、ピリ辛ごまだれを添える。

◆ゆでささみ（作りやすい分量）

小鍋にしょうが（薄切り）3枚、長ねぎ（青い部分）1本分、にんにく（つぶす）1かけ分、塩小さじ1、水適量を入れて火にかけ、煮立ったら鶏ささみ6本を加えて弱火で5分ほど加熱する。火を止め、そのまま冷ます。

◆ピリ辛ごまだれ（作りやすい分量）

白練りごま・酢各大さじ2、ごま油・ラー油各大さじ1、ささみのゆで汁・しょうゆ各大さじ4、砂糖小さじ1を混ぜ合わせる。

豚しゃぶとにらの卵黄ラー油だれ

たれをからめて召し上がれ

材料 2～3人分

豚バラしゃぶしゃぶ用肉……200g
A［酒・白だし……各適量
にら……1/3束／卵黄……2個分
白すりごま……適量
しょうゆ……大さじ1／ラー油……適量

作り方

1 鍋に湯を沸かしてAを加え、豚肉をしゃぶしゃぶして火を通す。にらは3㎝幅に切る。

2 器に豚肉、にらを順に盛り、卵黄をのせる。白すりごま、しょうゆ、ラー油をかける。

えびとトマトの卵炒め

トマトの酸味と旨みがポイント。パクチーをどっさりと!

材料　2～3人分

えび(殻つき)⋯8尾／トマト⋯1個／卵⋯4個

ごま油⋯小さじ3

にんにく・しょうが(各みじん切り)⋯各½かけ分

長ねぎ(みじん切り)⋯¼本分／酒⋯小さじ1

塩・黒こしょう⋯各少々／しょうゆ⋯小さじ2

パクチー⋯適量

作り方

1 えびは殻をむき、尾と背ワタを取り除く。トマトは小さめのひと口大に切る。卵は溶く。

2 フライパンにごま油小さじ1、にんにく、しょうが、長ねぎを入れて弱火にかけ、炒める。香りが出たら強火にし、えび、酒、塩、黒こしょうを加えて炒め、えびの色が変わったらトマトを加え、さっと炒める。ごま油小さじ2を加えて溶き卵を回しかけ、ふんわり炒め、しょうゆを回しかける。

3 器に盛り、パクチーをのせる。

バジルソースとトマトのスパゲッティ

夏のパスタといえばこれ！パパッと作れるのがうれしい

材料　2人分
スパゲッティ……160g
トマト……1個
バジルソース（P206参照）……大さじ山盛り3

作り方
1　スパゲッティは袋の表示より1分ほど短めにゆでる。トマトは1cm角に切る。
2　1の鍋のゆで汁を捨て、トマト、バジルソースを加えて強火にかけ、トマトに火が通るまで加熱する。
＊お好みでパルミジャーノ・レッジャーノをすりおろす。

酸っぱくて辛くて甘い、クリーミーなココナッツ風味のエスニック麺

無性に食べたくなるエスニック麺

材料　2人分

干しえび……大さじ2／えび（殻つき）……4尾／厚揚げ……1/3枚

A
- ココナッツミルク……200㎖／水……200㎖
- カレールウ……1かけ／ナンプラー……大さじ1
- 鶏がらスープの素（顆粒）……小さじ2
- 鶏ひき肉……100g／玉ねぎ（薄切り）……1/4個分
- トマト…中1個（1㎝の角切り）
- にんにく・しょうが（各すりおろし）……各小さじ2
- チリペッパー……小さじ1/2／砂糖……大さじ1／塩……少々

丸いえびのさつま揚げ……4個／中華麺……2人分
もやし……1/3袋／紫玉ねぎ（薄切り）……適量
パクチー・フライドオニオン・レモン（乱切り）……各適量

作り方

1 干しえびは水大さじ4に20分ほど浸けて戻し、細かく刻む。戻し汁はとっておく。

2 えびは殻をむき、尾と背ワタを取り除く。厚揚げは縦半分に切り、5㎜幅に切る。

3 鍋に1（汁も）、Aを入れて加熱する。玉ねぎがとろとろになったら、2、さつま揚げを加え、えびに火が通るまで加熱する。

4 別の鍋で中華麺をゆで、3に加えて2分ほど煮込む。

5 器に盛り、全ての具材をトッピングする。

モロヘイヤとトマトの冷やしそば

夏野菜の王様モロヘイヤとトマトで、ビタミン補給を

材料　2人分

モロヘイヤ…½束
トマト…1個
そば(乾麺、またはゆでそば)…2人分
めんつゆ(かけつゆ用に水で割ったもの)…300㎖
白すりごま…大さじ2

作り方

1 モロヘイヤは葉を摘み、さっと塩ゆでして冷水にとる。水けをきり、粘りけが出るまで刻む。トマトは8㎜角に切る。そばは袋の表示通りゆでで、氷水でよく洗う。

2 めんつゆにモロヘイヤ、トマト、白すりごまを入れ、そばをつけて食べる。

梅と青じそ卵黄納豆ごはん

食欲がなくても、さっぱりおいしい定番ごはん

材料　2人分

梅干し……2個
青じそ……4枚
卵黄……2個分
納豆……2パック（付属のからしは使わない）
温かいごはん……茶碗2杯分

作り方

1 梅干しは種を取り除き、包丁でたたいてペースト状にする。青じそは半分に切ってせん切りにする。

2 器に1、卵黄、納豆、付属のたれを入れて混ぜ、ごはんと一緒に食べる。

COLUMN 平岡さんのごはんの秘密 2

丁寧には暮らせていないけど毎日、必死に生きている。

まだ子供が小さかった頃、我が家では夕食前の時間が一番にぎやかでした。
バタバタと片付けをし、子に宿題をやるよう促して、お風呂に入れ、夕飯を作る。
いつも子供と「今日こんなことがあった！」と話しながら、
一緒に大笑いして、ときには励まして、ときには叱ったり…
仕事と子育ての両立は毎日が必死で、それはまるで嵐の中にいるようだったけれど、
一日で一番心が満たされる大好きな時間でした。

今は、子供も忙しく夕方に家にいることも少なくなって、本当に静か。

部屋が散らかることもないし、ひとりの時間、楽しみ放題（笑）

あの夕食前のバタバタを懐かしく思います。

子供がここにいる時間はいつか終わる。

あの頃は気づいていなかったと思うけれど、あの時間には幸せが溢れていた。

それでも変わらないのは、一日を終えて、子供も大人も家に戻ってくる時間であること。

お腹を空かせて戻ってくるということ。

時間があってもなくても、丁寧に暮らせている自信はなくて…
ただ、心地よくいたいなとは思っています。

今でもお料理の撮影が続くと一瞬バタバタとするのですけれど、
そんなときでも家族はいつもと変わらずにお腹を空かせて帰ってくる。
そして「今日の夜ごはんなんだろう？」と楽しみにしてもらえることは、
実はとても幸せなことなんだと。

子供の頃、毎日「今日のごはんはなんだろうか？」と考えていました（笑）
帰り道は、毎日夕飯のことで頭がいっぱい！
家が近づくたびに「このおいしい匂いがうちであってほしいー！」と願いながら
歩いているような子供でした。

一日の終わりに、ぼんやりと「今日のごはん」を楽しみに過ごせた子供時代、
今になってわかる。こんな幸せなことはないことを。
両親には心から感謝したい。
そして、自分がしてもらっていたことを、子にもしてあげたいと思う。
だから今日も「さて、今夜は何を作ろうか」と、お店へ向かうのだと思います。

PART 3

秋の名もなき小さなおかずたち

夏の暑さから解き放たれ、ほっとひと息の秋。
いもやきのこ、根菜類、柿やぶどうなどの果物、
さんまやさばなどの青魚など、秋の味覚が目白押しです。

柿を桂花陳酒《けいかちんしゅ》で和えてみた

秋の果物といえば、柿。桂花陳酒で秋の香りが感じられるデザートに。

材料　2〜3人分

柿…2個

A
桂花陳酒…小さじ1〜2
グラニュー糖…小さじ1
レモン汁…小さじ1

作り方

1 柿は6等分に切る。
2 ボウルに1、Aを入れて和え、冷蔵庫で冷やす。

柿と生ハム

甘い柿と生ハムの組み合わせは
ワインにぴったり

材料　2～3人分

柿……1個
生ハム……2枚
EVオリーブオイル……適量
塩（あれば岩塩）・黒こしょう……各適量

作り方

1 柿は8等分に切る。
生ハムは8等分に分ける。

2 器に柿を並べ、生ハムをのせる。
オリーブオイルをかけ、
塩、黒こしょうをふる。

梨とクコの実の日本酒漬け

好みの日本酒に漬けておくだけの大人のデザート

材料　2～3人分

梨…1個
クコの実…小さじ2
日本酒（辛口）…適量

作り方

1 梨はひと口大に切る。
2 ガラスの保存容器に1、クコの実を入れ、日本酒を梨がかぶるくらいまで注ぐ。冷蔵庫で2～3時間おくと食べ頃になる。

カレーポテトサラダ

子どもも大好きなカレー味のホクホクポテサラ

材料　2～3人分

じゃがいも…3個／ピーマン…1個
EVオリーブオイル…小さじ½／ハム…3枚
ゆで卵…2個

A
マヨネーズ…大さじ3
カレー粉…小さじ1
コンソメスープの素（顆粒）…小さじ¼
塩・黒こしょう…各少々

作り方

1 じゃがいもは皮つきのまま半分に切り、水に5分ほどさらす。耐熱容器に入れてふんわりとラップをし、電子レンジで10分加熱する（またはゆでる）。

2 ピーマンは8㎜角に切り、オリーブオイルで炒める。ハムは縦4等分の8㎜幅に、ゆで卵は8等分に切る。

3 1のじゃがいもは熱いうちに皮をむき、ボウルに入れてつぶす。2、Aを加え、和える。

さつまいものマスタードサラダ

粒マスタードがきいて美味。さっぱりデリサラダ

材料　2～3人分

さつまいも…2本

A
マヨネーズ…大さじ4
粒マスタード…大さじ2
プレーンヨーグルト…大さじ2

作り方

1 さつまいもは皮つきのままひと口大に切り、水に5分ほどさらす。耐熱ボウルに入れてふんわりとラップをし、電子レンジで10分加熱する（またはゆでる）。粗熱を取る。

2 ボウルに1、Aを入れ、和える。

さつまいものマッシュポテト

甘くてなめらかな食感がたまらぬおいしさ！

材料　2～3人分

さつまいも……1本

A
- 牛乳……50㎖
- バター……10g
- コンソメスープの素（顆粒）……小さじ1/4
- 塩・黒こしょう……各少々

黒こしょう……少々

作り方

1 さつまいもは皮を厚めにむき、水に5分ほどさらし、水けをきる。竹串がすっと刺さるまでゆでる。

2 ボウルに1を入れてつぶし、Aを加え、混ぜる。

3 器に盛り、黒こしょうをふる。

＊お好みでバゲットにのせたり、つけ合わせにしても。

くるみ、れんこん、じゃこ、春菊、もって菊のサラダ

春菊、もって菊など一気に秋を感じる一品

材料　2〜3人分

春菊（葉の部分）…1束分
れんこん…小1節
もって菊（食用菊）…1個
くるみ（ローストしたもの）…大さじ3
ちりめんじゃこ…大さじ3

A
EVオリーブオイル…大さじ3
レモン汁…大さじ1と½
しょうゆ…小さじ1
塩（あれば岩塩）・黒こしょう…各少々

作り方

1 春菊は冷水にさらしてシャキッとさせる。れんこんは薄い輪切りにし、酢水に浸けてから、酢適量（分量外）を加えた熱湯でゆで、水けをきる。もって菊は花びらを摘む。くるみは粗く刻む。

2 ボウルに全ての具材、**A**を入れ、和える。

いくらのしょうゆ漬け

生筋子を見かけたらぜひ！

材料　作りやすい分量

生筋子……1腹（正味約300g）

A
しょうゆ……大さじ2
みりん・酒……各大さじ1

塩……適量

作り方

1 小鍋にAを入れ、火にかけて煮きり、冷ます。

2 ボウルに43℃くらいのお湯と塩を（海水程度の塩けになるように）入れ、混ぜる。

3 2に筋子を入れて、指の腹でやさしく皮から粒を取り出す。
このときにお湯が白っぽくなる場合は、塩が足りないので足す。

4 粒がほぐれたらザルにあげ、水で汚れが取れるまで、洗っては水を捨てるを手早く何度も繰り返し、水けをきる。

5 保存容器に4を入れ、1を加えてさっと混ぜ、冷蔵庫で半日〜一晩おく。

＊冷蔵庫で1週間ほど、冷凍庫では3ヶ月ほど日持ちする。筋子が旬の10月下旬〜11月に作って冷凍保存しておくと、クリスマスやお正月に食べられる。

豆腐、わかめ、しらす、菊の冷奴

磯の風味でさっぱりと

材料　4人分

豆腐（お好みのもの）⋯1丁
食用菊⋯4個
わかめ（戻したもの）⋯20g
しらす干し⋯適量
EVオリーブオイル⋯適量
だしじょうゆ⋯適量

作り方

1 豆腐は4等分に切る。菊は花びらを摘み、酢水に5分ほど浸けてから、酢適量（分量外）を加えた熱湯でさっとゆで、すぐに取り出して冷水にさらし、水けをきる（菊はこの状態で約1ヶ月冷凍保存可）。わかめは食べやすい大きさに切る。

2 器に豆腐を盛り、わかめ、菊、しらす干しをのせ、オリーブオイル、だしじょうゆをかける。

豆腐のいくらのせ

いくらをのせてごちそう

材料　4人分

豆腐（お好みのもの）⋯1丁
いくらのしょうゆ漬け（P104参照）⋯適量
わさび⋯適量

作り方

1 豆腐は8等分に切る。

2 器に豆腐を2個ずつ盛り、いくら、わさびをのせる。

＊豆腐はちょっとよいものを使うのがおすすめ。

焼きしいたけのバターしょうゆ

旨みがジュワッと広がる

材料　2～3人分
しいたけ…6個
バター…10g
しょうゆ…適量

作り方

1 しいたけは軸を取り除き、魚焼きグリルまたはオーブントースターに並べ、6等分にしたバターをのせる。バターが溶けて、しいたけに焼き色がつくまで焼く。

2 器に盛り、しょうゆをかける。

しいたけピザ

肉厚しいたけを存分に

材料　2～3人分
しいたけ…6個
ハーフベーコン…1枚
EVオリーブオイル…小さじ1と½
ピザ用チーズ…適量
刻みパセリ…適量
しょうゆ…小さじ1と½

作り方

1 しいたけは軸を取り除く。ベーコンは細切りにする。

2 魚焼きグリルまたはオーブントースターにくっつかないタイプのアルミホイルを敷き、しいたけを並べる。オリーブオイルをたらし、ピザ用チーズ、ベーコンをのせ、チーズが溶けるまで焼く。

3 器に盛り、パセリを散らし、しょうゆをかける。

カリカリポテト
〜アイオリソース〜

冷めてもおいしい食感

材料　2〜3人分

じゃがいも(メークイン)…5個
EVオリーブオイル…適量／塩…少々
アイオリソース(左記)…適量

作り方

1 じゃがいもは食べやすい大きさのくし形に切り、5分ほど水にさらし、耐熱ボウルに入れてふんわりとラップをし、電子レンジで7分、かために加熱する。

2 フライパンに多めのオリーブオイルを熱し、1を入れて弱火でじっくりと揚げ焼きする。熱いうちに塩をふる。

3 器に2を盛り、アイオリソースを添える。

◆アイオリソース（作りやすい分量）

マヨネーズ大さじ3、卵黄1個分、フレンチマスタード小さじ1、にんにく(すりおろし)・塩・黒こしょう各少々、はちみつ小さじ¼を混ぜ合わせる。

カリカリ焼ききのこ
〜すだちと塩〜

じっくり焼いて濃厚に

材料　2〜3人分

しいたけ…3個
まいたけ…1パック
薄力粉…大さじ2
EVオリーブオイル…大さじ2
塩（あれば岩塩）…適量
すだち(またはかぼす)…1個

作り方

1 しいたけは半分または4等分に切る。まいたけは食べやすい大きさにほぐす。

2 1に薄力粉をまぶし、オリーブオイルを熱したフライパンでカリカリに焼く。

3 器に盛り、塩をふり、半分に切ったすだちを搾る。

焼きなす
〜トリュフ塩とオイル〜

香ばしい焼きなすと
トリュフの香りのコラボ

材料　2〜3人分
なす……4本
太白ごま油（またはくせのない植物油）……適量
トリュフ塩……適量

作り方
1　なすは魚焼きグリルで皮が真っ黒になるまで焼く。皮をむき、食べやすい大きさに切ったら、冷蔵庫で冷やす。
2　1の水けをキッチンペーパーで拭き、器に盛る。太白ごま油をかけ、トリュフ塩をふる。

揚げなすと貝割れ大根のポン酢和え

やっぱり揚げなすが好き！
さっぱりコクうま

材料　2〜3人分

なす…6本
揚げ油…適量
貝割れ大根…1パック
ポン酢しょうゆ…適量

作り方

1 なすは縦6等分のくし形切りにする。
2 1を170〜180℃に熱した揚げ油で素揚げし、冷蔵庫でしっかり冷やす。
3 器に2、貝割れ大根を順に盛り、ポン酢しょうゆをかける。

なすのチーズしょうゆ炒め

油とチーズのコクで美味

材料　2〜3人分

なす……3本
お好みの植物油……大さじ2
ピザ用チーズ……ひとつかみ
しょうゆ……適量

作り方

1 なすは1㎝幅の輪切りにする。
2 フライパンに植物油を熱して1を炒め、火が通ったらピザ用チーズを加える。
3 器に盛り、しょうゆをかける。

なすのすいとん

おだしがじんわりおいしい

材料　4人分

生地
　薄力粉……150g
　塩……小さじ½弱／水……½カップ弱
豚バラ薄切り肉……4枚
なす……4本
和風だし汁……1ℓ
A しょうゆ・酒・みりん……各大さじ1

作り方

1 すいとんの生地を作る。ボウルに薄力粉、塩を入れて混ぜ、水を少しずつ加えて5本の指でざっとかき混ぜる。水分が全体に回ったらひとつにまとめてポリ袋に入れ、冷蔵庫で1〜2時間寝かせる。
2 豚肉は食べやすい大きさに切る。なすは調理する直前に乱切りにする。
3 鍋に和風だし汁を煮立て、1をひと口大にちぎり、指で薄く伸ばして鍋に入れる。2、Aを加え、すいとんに透明感が出て、浮いてくるまで加熱する。

なすのみそ焼き

甘ごまみそを塗って焼くだけ

材料　2〜3人分

なす……2本
お好みの植物油……大さじ2
甘ごまみそ（P206参照）……適量
薬味ミックス（P64参照）……適量

作り方

1 なすは縦半分に切り、断面に格子状に切り目を入れる。
2 フライパンに植物油を熱し、1を両面焼く。
3 器に盛り、断面に甘ごまみそを塗る。薬味ミックスをのせる。

秋の軽い揚げもの

フライドマロン

カリカリ、ホクホクの
栗の香りと甘みを味わって

材料　2～3人分

栗……12個
揚げ油……適量
EVオリーブオイル……適量
パルミジャーノ・レッジャーノ……適量

作り方

1 栗は鬼皮と渋皮をむく。
2 揚げ油を170℃に熱し、**1**を竹串がすっと刺さるくらいまで揚げる。
3 器に盛り、揚げたてにオリーブオイルをかけ、パルミジャーノ・レッジャーノをすりおろす。

銀杏のひと口春巻き

揚げたてをぜひ食べてほしい。
サクサクが止まらぬおいしさ

材料　2～3人分

銀杏……24個
春巻きの皮……2枚
揚げ油……適量
塩（あれば岩塩）……適量

作り方

1 銀杏は殻をむく。春巻きの皮は十字に切って4等分にする。
2 春巻きの皮に銀杏を3個ずつ1列に並べ、巻く。
3 揚げ油を170～180℃に熱し**2**を春巻きの皮が色づくまで揚げる。
4 器に盛り、揚げたてに塩をふる。

自家製ポテトチップス

じゃがいもは水にさらさず揚げるだけ。味はお好みで

材料　2～3人分

じゃがいも……2個
揚げ油……適量

作り方

1　じゃがいもは薄く切る（スライサーを使っても）。じゃがいもは水にさらさずに、切ったらすぐに170～180℃に熱した揚げ油に入れ、ときどきかき混ぜながらカリカリになるまで揚げる。

＊お好みで揚げたてに塩と青のり、またはトリュフ塩をふる。

マッシュルームのフライ

衣をつけて揚げるだけ！

材料　2〜3人分

マッシュルーム……大8個
ハーブ塩……適量
薄力粉……適量
溶き卵……適量
パン粉（細かめ）……適量
揚げ油……適量
刻みパセリ……適量
パルミジャーノ・レッジャーノ……適量

作り方

1 マッシュルームは石づきを取り除き、縦半分に切る。ハーブ塩を軽くふり、まぶす。

2 1に薄力粉、溶き卵、パン粉の順に衣をつけ、170〜180℃に熱した揚げ油で色よく揚げる。

3 器に盛り、パセリを散らし、パルミジャーノ・レッジャーノをすりおろす。

まいたけの天ぷら

香りが豊かに広がる

材料　2〜3人分

まいたけ……2パック
A
薄力粉……1カップ
塩……少々
冷水……200㎖（様子を見て量は加減）
揚げ油……適量

作り方

1 まいたけは食べやすい大きさにほぐす。

2 Aをよく混ぜ合わせて1をくぐらせ、170〜180℃に熱した揚げ油でサクッと揚げる。

れんこんの揚げ団子

もちもちの食感の中に、
カリカリじゃこがアクセント

材料　2〜3人分

れんこん…大2節（600g）
青じそ…5枚

A
ちりめんじゃこ…30g
溶き卵…1個分
片栗粉…大さじ8
塩…ふたつまみ
しょうゆ…大さじ1

揚げ油…適量

作り方

1 ボウルにれんこんをすりおろす（水けはきらない）。青じそはせん切りにする。
2 1のボウルに青じそ、Aを加えて混ぜる。
3 170〜180℃に熱した揚げ油に2をスプーンなどですくって丸く形を整えながら入れ、色よく揚げる。

＊形を平たくして揚げ焼きにしてもよい。

エリンギの肉巻き

食べごたえ満点！ ジューシーな豚バラ肉の旨み際立つ

材料　2〜3人分

エリンギ……4本
豚バラ薄切り肉……8枚
塩・黒こしょう……各少々
薄力粉……適量
溶き卵……適量
パン粉（細かめ）……適量
揚げ油……適量

作り方

1 エリンギは縦半分に切る。
2 豚肉に塩、黒こしょうをふり、1枚に1を1個のせ、巻く。同様にして8本作る。
3 2に薄力粉、溶き卵、パン粉の順に衣をつけ、170〜180℃に熱した揚げ油で色よく揚げる。
＊お好みでレモンやトマトケチャップを添える。

さんまの南蛮漬け

紫玉ねぎとポン酢しょうゆだけで
さっぱりおいしい

材料　2～3人分

さんま（切り身）
　…3尾分（魚屋さんに三枚におろしてもらっても）
紫玉ねぎ…½個
ポン酢しょうゆ…100㎖
砂糖…小さじ1（お好みで入れなくてもよい）
薄力粉…適量
揚げ油…適量

作り方

1 さんまは食べやすく2～3等分に切る。
紫玉ねぎは薄切りにし、冷水に5分ほどさらし、水けをきる。

2 バットに紫玉ねぎ、ポン酢しょうゆ、砂糖を入れる。

3 さんまに薄力粉をまぶし、170～180℃に熱した揚げ油で揚げる。

4 **2**に揚げたての**3**を加え、さっと混ぜる。粗熱を取り、冷蔵庫で冷やす。

焼き塩さばのトマト、松の実、パセリのソース

脂ののったさばをトマトソースでさっぱりと

材料　2人分

塩さば（半身）……2枚
トマト……1個

A
松の実（炒ったもの）……大さじ2
EVオリーブオイル……大さじ2
刻みパセリ……大さじ1
はちみつ・しょうゆ……各小さじ1
にんにく（すりおろし）……小さじ½
塩（あれば岩塩）・黒こしょう……各少々

パルミジャーノ・レッジャーノ……適量

作り方

1 塩さばは半分に切り、魚焼きグリルで色よく焼く。
2 トマトは8㎜角に切り、Aとよく混ぜ合わせる。
3 器に1を盛り、2をかけ、パルミジャーノ・レッジャーノをすりおろす。

秋鮭のフライとタルタルソース

揚げた鮭がサクサク食感。タルタルソースが爽やか

材料　2〜3人分

秋鮭（切り身）⋯4切れ
塩・黒こしょう⋯各少々
薄力粉⋯適量
溶き卵⋯適量
パン粉（細かめ）⋯適量
揚げ油⋯適量
タルタルソース（左記）⋯適量

作り方

1 鮭は2〜3等分に切り、塩、黒こしょうをふる。
2 1に薄力粉、溶き卵、パン粉の順に衣をつけ、170〜180℃に熱した揚げ油で色よく揚げる。
3 器に盛り、タルタルソースを添える。

◆タルタルソース（作りやすい分量）
紫玉ねぎ（みじん切り）1/10個分、ゆで卵（みじん切り）3個分、マヨネーズ大さじ5、ディル（葉を摘む）2枝分、きゅうりのピクルス（みじん切り）小4個分、レモン汁小さじ2、塩・黒こしょう各少々を混ぜ合わせる。

秋鮭としめじ、コーンとねぎのカルトッチョ

秋の味覚を紙で包んでオーブンへ。鮭がふっくらおいしい！

材料　2人分

秋鮭（切り身）…2切れ
塩・黒こしょう…各少々
しめじ…½パック
小ねぎ…3本
バター…10g
コーン缶…大さじ4
酒…小さじ1
しょうゆ…適量

作り方

1 鮭は酒大さじ1（分量外）をかけ、キッチンペーパーで水けを取り除き、塩、黒こしょうをふる。しめじはほぐす。小ねぎは小口切りにする。バターは4等分に切る。

2 オーブン用のクッキングシートを2枚広げ、鮭、しめじ、コーン、小ねぎを半量ずつ順にのせる。バターを1切れずつのせ、酒を小さじ½ずつふりかけ、クッキングシートをとじる。

3 220℃に予熱したオーブンで**2**を20分ほど焼く。

4 クッキングシートを開いてバターを1切れずつのせ、しょうゆを回しかける。

ポークソテー
〜きのこのクリームマスタードソース〜

豚肉はカリッと香ばしく焼いて。
濃厚ソースでリッチな一品に

材料　2〜3人分

お好みのきのこ…3パック／バター…20g
にんにく（みじん切り）…1かけ分
A 塩…小さじ¼／白ワイン…50㎖
B パルミジャーノ・レッジャーノ（すりおろし）…40g
生クリーム…100㎖／粒マスタード…大さじ2
コンソメスープの素（顆粒）…ふたつまみ
豚ロースステーキ用肉…2枚（4〜6等分に切る）
塩・黒こしょう…各少々／薄力粉…大さじ1〜2
EVオリーブオイル…小さじ1／刻みパセリ…適量

作り方

1 きのこは軸や石づきを取り除き、ほぐすなどして食べやすく切る。フライパンにバターを熱し、にんにくを入れて弱火で香りが出るまで炒める。きのこを加えて油が回るまで炒め、**A**を加える。きのこがしんなりしたら、**B**を加え、とろみがついたら火を止める。

2 豚肉は塩、黒こしょうをふって薄力粉を薄くまぶす。フライパンにオリーブオイルを熱し、両面をカリッと焼く。

3 器に**2**を盛り、**1**をかけ、パセリを散らす。

鶏手羽元とマッシュルーム、じゃがいもの白ワイン煮

さっぱりとしながら食べごたえ満点

材料　作りやすい分量

鶏手羽元……12本／塩・黒こしょう……各少々
薄力粉……適量／玉ねぎ……2個
マッシュルーム……3パック／じゃがいも……小さめの中6個
バター……20g

A
白ワイン……200㎖
チキンコンソメ（固形）……1個
ローリエ……2枚／はちみつ……小さじ2

塩・黒こしょう……各適量

作り方

1 鶏肉は包丁で切り目を入れ、塩、黒こしょうをふって薄力粉を薄くまぶす。玉ねぎはくし形切りにし、マッシュルームは石づきを取り除き、縦半分に切る。じゃがいもは半分に切る。

2 厚手の鍋にバターを熱し、鶏肉を入れて両面がきつね色になるまで焼く。玉ねぎ、じゃがいも、マッシュルームを順に加えて炒め、**A**を加えて水分が半量になるまで煮込む。塩、黒こしょうで味をととのえる。

秋の汁もの

さつまいもの豚汁

ほんのり甘いさつまいもが合う

材料　2〜3人分

さつまいも…小1本
ごぼう…⅓本
長ねぎ…⅓本
まいたけ…1パック
豚バラ薄切り肉…3枚
和風だし汁…400㎖
酒…小さじ2
みそ…大さじ2

作り方

1 さつまいもは皮つきのまま8㎜幅の半月切りにし、水に5分ほどさらす。ごぼうは斜め切りにし、酢水に5分ほどさらす。長ねぎは斜め切りにし、まいたけはほぐす。豚肉は3㎝幅に切る。

2 鍋に和風だし汁、さつまいもを入れて火にかける。煮立ったら弱めの中火で、さつまいもに竹串がすっと刺さるまで加熱する。ごぼう、豚肉、まいたけ、酒を加える。

3 豚肉の色が変わり、ごぼう、まいたけに火が通ったら、長ねぎを加えて火を通す。火を止め、みそを溶く。

鶏汁

根菜と鶏肉の旨みがじんわり

材料　2〜3人分

鶏もも肉…1枚
大根…6㎝
にんじん…小1本
長ねぎ…1本
しめじ…½パック
えのきだけ…½袋
和風だし汁…400㎖
塩…小さじ½
酒…大さじ1
しょうゆ…大さじ1

作り方

1 鶏肉は2㎝角に切る。大根、にんじんは小さめの乱切りにし、長ねぎは斜め切りにする。しめじはほぐし、えのきだけは3等分の長さに切る。

2 鍋に和風だし汁を煮立たせ、鶏肉、大根、にんじん、塩、酒を加え、根菜がやわらかくなるまで煮たらしめじ、えのきだけを加えて火を通す。

3 長ねぎを加え、火が通ったらしょうゆで味をととのえる。

ごぼうとまいたけの鶏めし

秋の味覚の香りと旨みが満載のごはん

材料　3合分

鶏もも肉……1枚
ごぼう……½本
まいたけ……1パック
油揚げ……2枚
白米……3合

A
和風だし汁……500㎖／酒……大さじ1と½
砂糖……小さじ1／しょうゆ……小さじ2
塩……小さじ1／昆布……5㎝四方1枚

作り方

1 鶏肉は1㎝角に切る。ごぼうはささがきにし、5分ほど酢水にさらす。まいたけはほぐし、油揚げは横半分の長さに切ってから細切りにする。

2 米はといで炊飯釜に入れ、**A**を加え、30分ほどおく。鶏肉、ごぼう、まいたけ、油揚げの順に加え、炊飯する。

マッシュルームの炊き込みごはん

マッシュルームだけでこの旨み！
ワインのおともにも最適

材料　2合分

マッシュルーム……1パック
白米……2合
白だし……大さじ1
水……適量
ローリエ……1枚
塩……少々
バター……10g
黒こしょう……少々

作り方

1 マッシュルームは軸を取り除き、2〜3㎜幅に切る。

2 米はといで炊飯釜に入れ、白だしを加え、水を2合の目盛りまで注ぎ、30分ほどおく。ローリエ、**1**、塩、バターの順に加え、炊飯する。

3 器に盛り、黒こしょうをふる。

焼きさんまのちらし寿司

旬のさんまをさっぱりと贅沢に堪能できる

材料　1.5合分

さんま…2尾

塩…適量

しょうが…1かけ

酢飯（左記）…1.5合分

A
- 白炒りごま…大さじ4
- 薬味ミックス（P64参照）…適量
- しょうゆ…適量

作り方

1 さんまは塩をふり、魚焼きグリルで焼く。骨、内臓を取り除き、身を粗くほぐす。しょうがはせん切りにし、冷水にさらして水けをきる。

2 酢飯に1、Aを加え、混ぜる。

◆酢飯（1.5合分）

白米1.5合はといで炊飯器に入れ、昆布10㎝四方1枚、酒大さじ1を加え、水を1.5合の目盛りより少し少なめまで注ぎ、30分ほどおいてから炊飯する。飯台などに入れ、寿司酢（P47参照）を回しかけて、大きく混ぜる。

サーモンと青じその玄米巻き寿司

発芽玄米の酢飯もおいしいので巻き寿司でぜひどうぞ

材料　1.5合分

発芽玄米の酢飯…1.5合分
白炒りごま…大さじ3
サーモン（刺身用）…1さく
焼きのり（全形）…3枚
青じそ…6枚

作り方

1 P130を参照して、発芽玄米の酢飯を作り、白炒りごまを混ぜる。サーモンは縦長に細い棒状に切る。

2 焼きのりを横長におき、酢飯を⅓量のせ、手前に青じそ2枚、サーモン⅓量をのせて巻く。同様にあと2本作り、食べやすい大きさに切る。

COLUMN 平岡さんのごはんの秘密 3

食べたいときに食べたいものを作れるようになると、それだけで人生に幸せな瞬間が増えると思う。

この飽食の時代ですから、食べるものはどこにでもあって、選ばなければ空腹を満たすことは簡単にできると思います。それでも私は、食べることを選びたいと思っています。食べることを人に任せる。それはそれでよいですし、小さな子供は親が食事の支度をするでしょうし、仕事が忙しかったりすれば家族に頼ることもあると思いますが、食べたいときに食べたいものを作れるようになると、それだけで幸せな瞬間が増えると思うのです。

お鍋に具だくさんのスープやポトフなどが残っていて、冷凍庫には冷凍されたごはんがある。スープとごはんを温めて食べるもよし、温めたごはんをスープに入れてチーズとこしょうをふってみるのもよし。
食パンがあったら、少しマスタードとマヨネーズを塗って、ハムとレタスとトマトをはさむ。
または、しらすをたっぷりのせて、オリーブオイルとハーブ塩をかけてみたり、
そういう自分流を見つける遊び心を持てたら楽しいよね！と思います。

娘にも、小学校高学年になったくらいから、少しずつ、自分が何が好きで、
どう食べたいかを考えたらいいなと思い、「お昼ごはんなにー？」と言うときに
「インスタントラーメン、ひとりで作って食べてみる？」と
挑戦させてみることにしました。
「好きなものをいろいろトッピングしてみたら？」と
私の味ではなくて、自分の好きな味、自分の好きな食べ方を探してもらえるように。

家のキッチンのどこに何があると知っておくことも大切かなと思いました。
家族の一員なのですから、好きにやってみればよいのです。
最近では、サラダのドレッシングや、寄せ鍋のつけだれなどは、
率先して自分で作っていますし、それがまた大人にはない発想で大変面白く、
「ママの分も作って！」なんてこともよくありまして、勉強させてもらっています。
楽しい！おいしい！と思えれば、どんどん自分流を見つけていくでしょう。
きっと、これからの食生活は素晴らしく豊かなものになっていくと思います。

PART 4

冬の名もなき小さなおかずたち

ひんやりとした空気を感じながら、暖をとる寒い季節。
冬に旬を迎える根菜や青菜、脂ののった魚介類を使った
温かい料理を食べて、体も心もポカポカに。

ゆでブロッコリー

旬のブロッコリーのゆでたてをいただく贅沢

材料　作りやすい分量

ブロッコリー……1株

A
EVオリーブオイル……大さじ1
だしじょうゆ……小さじ2
ハーブ塩……少々
かつお節……約5g

作り方

1 ブロッコリーは食べやすい大きさに切ってゆで、水けをきる。

2 ボウルに1、Aを入れ、和える。

焼き大根

薄く切った大根をじっくり焼くだけで甘みと旨みが溢れ出す

材料　2〜3人分

大根…¼本
EVオリーブオイル…小さじ2
塩（あれば岩塩）…適量
黒こしょう…適量

作り方

1　大根は5㎜幅の輪切りにする（太いものなら半月切りに）。
2　フライパンにオリーブオイルを熱し、1を両面色よく焼き、塩をふる。
3　器に盛り、黒こしょうをふる。

ブロッコリーのチーズ焼き

シンプルだけどコク旨な一品
ワインのおともにも

材料　作りやすい分量
ブロッコリー…1株
EVオリーブオイル…適量
ハーブ塩…少々
ピザ用チーズ…ひとつかみ

作り方

1 ブロッコリーは食べやすい大きさに切ってゆで、水けをきる。

2 直径15㎝ほどの耐熱容器（楕円形でもよい）にオリーブオイルを薄く塗り、1を入れ、ハーブ塩をふる。ピザ用チーズをのせ、オーブントースターでチーズが溶けるまで焼く。

里いものマッシュチーズ焼き

とろとろな里いもがくせになる

材料　2〜3人分

里いも……小さくないもの8個
バター……10g
A［牛乳……50㎖
　コンソメスープの素（顆粒）……3つまみ
　ハーブ塩……小さじ½］
ピザ用チーズ……ひとつかみ

作り方

1 里いもは皮をむいてボウルに入れ、塩大さじ1（分量外）を加え、ぬめりを取るようによく揉み込み、水でよく洗う。半分に切って耐熱ボウルに入れ、ふんわりとラップをして電子レンジで4分加熱する。

2 直径15㎝ほどの耐熱容器（楕円形でもよい）にバターを薄く塗る。残ったバターは取っておく。

3 1が熱いうちにつぶし、2の残りのバター、Aを加え、よく混ぜる。2の耐熱容器に入れ、ピザ用チーズをのせ、オーブントースターで焼き色がつくまで焼く。

＊お好みでバゲットを添えたり、つけ合わせにしても。

れんこんのフライ

サクサク食感がやみつき

材料　4人分

れんこん…大1節
塩・黒こしょう…各適量
薄力粉・溶き卵・パン粉…各適量
揚げ油…適量
レモン（乱切り）…適量
塩（あれば岩塩）…適量
A ハーブ塩…適量
　マヨネーズ…適量

作り方

1 れんこんは乱切りにし、酢水に5分ほどさらし、水けをきる。
2 1に塩、黒こしょうを軽くふり、薄力粉、溶き卵、パン粉の順に衣をつけ、170〜180℃に熱した揚げ油でカリッと揚げる。
3 器に盛り、レモンを添える。塩または混ぜ合わせたAをつけて食べる。

れんこん、枝豆、えびのたらこマヨ

食感が楽しいマヨサラダ

材料　2〜3人分

れんこん…1節
ゆでえび…8尾
A たらこ（身をこそげ取る）…1/2腹分
　マヨネーズ…大さじ2
　EVオリーブオイル…小さじ2
　塩・黒こしょう…各少々
ゆで枝豆…正味2/3カップ

作り方

1 れんこんは薄い半月切りにし、酢水に5分ほどさらす。酢適量（分量外）を加えた熱湯でゆで、水けをきり、冷ます。えびは半分の厚さに切る。
2 ボウルにAを入れてよく混ぜ、1、枝豆を加え、和える。

カリフラワーのカレーピクルス

コリコリとした食感がおいしい
カリフラワーの定番

材料　作りやすい分量

カリフラワー…½株

A
寿司酢（市販）…50㎖
水…大さじ1
カレー粉…小さじ¼

作り方

1 カリフラワーは食べやすい大きさに切り、塩・酢各適量（分量外）を加えた熱湯でゆで、水けをきる。

2 ジッパーつき保存袋に**A**を入れて混ぜ、**1**を加えて冷蔵庫で3時間以上漬ける。

百合根の素揚げ

サクサク食感で
甘みたっぷり！

材料　4人分

百合根……1個
揚げ油……適量
塩（あれば岩塩）……適量

作り方

1 百合根は1枚ずつはがし、茶色くなっている部分があれば丁寧に取り除く。

2 揚げ油を170〜180℃に熱し、**1**をホクホクになるまで揚げる。

3 器に盛り、揚げたてに塩をふる。

百合根のバター炒め

ホクホク甘い百合根を
存分に味わって

材料　2〜3人分

百合根……1個
バター……5g
塩（あれば岩塩）・黒こしょう……各適量

作り方

1 百合根は1枚ずつはがし、茶色くなっている部分があれば丁寧に取り除く。

2 フライパンにバターを熱し、**1**を入れてホクホクになるまで炒め、塩、黒こしょうで味をととのえる。

こんにゃく、大根、里いものみそおでん

ゆっくり火を入れて
じんわり、ほっこり温まる

材料　3〜4人分

こんにゃく（アク抜き済）…1枚
大根…1/4本
里いも…大4個
A
和風だし汁…1ℓ／酒・みりん…各50mℓ
薄口しょうゆ…小さじ2／塩…小さじ1
甘ごまみそ（P206参照）…適量

作り方

1 こんにゃくは食べやすい大きさに切る。大根は厚めの輪切りにし、ギリギリ竹串が刺さるくらいに少しかために下ゆでする。里いもは皮をむいてボウルに入れ、塩大さじ1（分量外）を加え、ぬめりを取るようによく揉み込み、水でよく洗ってからさっと下ゆでする。

2 鍋に**A**を入れて煮立たせ、**1**を加えて弱火でゆっくり火を入れる。大根と里いもにすっと竹串が刺さるまで火が通ったら、一度火を止め、冷ます。

3 食べるときにもう一度温め、甘ごまみそをつけて食べる。

みかんドレッシングのサラダ

みかんで作るドレッシングは甘くておいしい

材料　2～3人分

グリーンリーフ……1/3個／かぶ……1個
塩……少々／みかん……小2個

A
EVオリーブオイル……大さじ2
レモン汁……小さじ2／はちみつ……小さじ1
塩・黒こしょう……各少々

作り方

1 グリーンリーフは冷水に20分ほどさらしてシャキッとさせ、食べやすい大きさにちぎる。かぶは薄切りにし、塩揉みして水けをきる。

2 みかんは薄皮を取り除き、果肉を粗くほぐす。ボウルにAを入れて混ぜ合わせ、みかんを加えて和える。

3 器に1、2を盛り、さっと和える。

冬野菜の蒸し焼き

皮ごと蒸して焼くことで野菜のみずみずしさが引き立ちます

材料　2～3人分

大根……1/4本／かぶ……2個
ごぼう……1/2本／カリフラワー……小1/2株
塩・黒こしょう……各少々／EVオリーブオイル……適量
パルミジャーノ・レッジャーノ……適量

作り方

1 大根、かぶ、ごぼうは皮をよく洗い、皮つきのまま食べやすい大きさに切る（火の通りにくいものは、小さめがよい）。ごぼうは酢水に5分ほどさらす。カリフラワーは食べやすい大きさに切る。

2 1を蒸気の上がった蒸し器で15～20分、中火で蒸し、蒸し上がった野菜から取り出していく。

3 オーブンの天板にオーブン用のクッキングシートを敷き、2を広げる。塩、黒こしょうをふり、オリーブオイルをかけ、220℃に予熱したオーブンで25分ほど焼く。

4 器に盛り、パルミジャーノ・レッジャーノをすりおろす。

揚げれんこんのサラダ

サクサクのれんこんの食感がサラダのアクセントに

材料　2〜3人分

れんこん…1節
サニーレタス…1/3個
揚げ油…適量
A
EVオリーブオイル…大さじ2
しょうゆ…小さじ2
レモン汁…小さじ2
塩・黒こしょう…各少々

作り方

1 れんこんは薄い輪切りにし、酢水に5分ほどさらし、水けをきる。サニーレタスは冷水に20分ほどさらしてシャキッとさせ、食べやすい大きさにちぎる。

2 れんこんを170〜180℃の揚げ油でカリッとするまで素揚げする。

3 器にサニーレタス、**2**を順に盛り、よく混ぜ合わせた**A**をかける。

春菊、三つ葉、せりのサラダ

口に入れた瞬間にふわっと香る

材料　2～3人分

春菊（葉の部分）…⅓束分
三つ葉…1袋
せり…1束
ちくわ（大きいおでん用）…1本
ごま油…大さじ1
ゆず（横半分に切ったもの）…½個
塩（あれば岩塩）…少々

作り方

1 三つ葉、せりは食べやすい大きさに切り、春菊とともに冷水に20分ほどさらしてシャキッとさせ、水けをきる。ちくわは細長い乱切りにする。

2 ボウルに1を入れ、ごま油を加えて和える。種を取り除いたゆずを搾って果汁を加え、ゆずの皮を削って散らす。塩をふり、よく和える。

塩大根と生ハム

旬の大根のみずみずしさを
ダイレクトに味わって

材料　2〜3人分

大根……¼本
塩……小さじ½
生ハム……3枚
EVオリーブオイル……大さじ1
塩（あれば岩塩）・黒こしょう……各少々

作り方

1　大根は1㎝より少し大きめの角切りにし、塩揉みして水けをきる。生ハムは食べやすい大きさに切る。

2　器に1を盛り、オリーブオイルをかけ、塩、黒こしょうをふる。大根と生ハムを一緒に食べる。

春菊とかぶ、のりのコチュジャンナムル

ピリッと辛い韓国風の一品

材料　4人分

春菊（葉の部分）…1束分
かぶ…1個
塩…小さじ½
A
白すりごま…大さじ1
ごま油…大さじ1
コチュジャン…小さじ2
しょうゆ…小さじ1
焼きのり（全形）…1枚

作り方

1 春菊は冷水に20分ほどさらしてシャキッとさせ、水けをきる。かぶは薄切りにし、塩揉みして水けをきる。
2 ボウルにAを入れ、混ぜ合わせる。1を加えてさっと和え、焼きのりをちぎって加える。

せりとえびのお浸し

せりの香りを存分に味わう

材料　4人分

せり…2束
A
和風だし汁…120㎖
薄口しょうゆ…大さじ1
酒…小さじ1と½
ゆでえび…8尾

作り方

1 せりはかたい部分を切り落とし、さっと塩ゆでして冷水にさらす。水けをきり、3㎝幅に切る。
2 鍋にAを入れて煮立たせ、冷ます。
3 2に1、えびを加え、浸す。

たぬき豆腐

シャキシャキ長ねぎとカリカリ揚げ玉のコントラストが美味

材料　2〜3人分

絹豆腐…1丁
長ねぎ…1/3本
和風だし汁…400㎖
A［しょうゆ・酒・みりん…各小さじ1
　塩・砂糖…各小さじ1/2
揚げ玉…適量

作り方

1 豆腐は4等分に切る。長ねぎは小口切りにして冷水にさらし、水けをきる。
2 鍋に和風だし汁を煮立たせ、A、豆腐を加えて弱火でゆっくり温める。
3 器に豆腐を盛り、だし汁を注ぐ。揚げ玉、長ねぎをのせる。

＊お好みで、刻みのりや七味唐辛子をトッピングしても。

長ねぎの卵焼き

ねぎの香りと甘みが楽しめる
冬の定番おかず

材料　作りやすい分量

卵…5個
A［だしじょうゆ・砂糖…各小さじ1
　 塩…少々
長ねぎ…1/3本
お好みの植物油…適量

作り方

1 ボウルに卵を割り入れ、Aを加えて溶く。長ねぎをみじん切りにして加え、混ぜる。

2 卵焼き用のフライパンをしっかりと熱し、植物油をひく。1を1/3〜1/4量入れてフライパン全体に流し、固まってきたら巻いていく。これを2〜3回繰り返して焼く。

3 2を食べやすい大きさに切る。

明太揚げだし豆腐

ぷるぷるの豆腐と明太子だしに
癒される一品

材料　2〜3人分

木綿豆腐……1丁／薄力粉……適量
しし唐辛子……4本

A
- 和風だし汁……200㎖
- 薄口しょうゆ……大さじ3
- みりん……大さじ1

揚げ油……適量／明太子……1腹

作り方

1 豆腐は6等分に切り、キッチンペーパーでさっと水けを拭き取り、薄力粉をたっぷりとつけてから余分な粉をはらい、10分ほどおく。しし唐辛子は竹串で1〜2ヶ所穴をあける。

2 鍋に**A**を入れ、煮立たせる。

3 160〜170℃に熱した揚げ油で**1**の豆腐をゆっくり揚げていく。しし唐辛子も加え、一緒に揚げる。

4 明太子は身をこそげ取り、**2**に加える。

5 器に**3**を盛り、**4**をかける。

簡単大根餅

大根おろしに具材を混ぜて
カリッと焼いて

材料　2〜3人分

大根……¼本
長ねぎ……½本
ベーコン……1枚
A
片栗粉……大さじ5〜6
ピザ用チーズ……大さじ4
桜えび……大さじ2
ごま油……小さじ2

作り方

1 大根はすりおろし、水けをしぼる。長ねぎは薄い小口切りにする。ベーコンは細切りにする。
2 ボウルに1、Aを入れて混ぜる。
3 フライパンにごま油を熱し、2をスプーン1杯分くらいずつ落とし入れる。焼き色がついたらひっくり返し、水大さじ2（分量外）を加えて蓋をし、蒸し焼きにする。火が通ったら両面がカリッとするまで焼く。

まぐろのタルタル

ピクルスの酸味がきいて美味。
バゲットにのせて召し上がれ

材料　2〜3人分

まぐろ（刺身用）…600g
小ねぎ…2本
きゅうりのピクルス…小4個
紫玉ねぎ…1/6個
ケッパー…大さじ2

A
EVオリーブオイル…大さじ4
しょうゆ…大さじ2強
粒マスタード…小さじ2

黒こしょう…少々
バゲット（斜め切り）…適量

作り方

1 まぐろは細かく切る。小ねぎは小口切りにし、ピクルス、紫玉ねぎ、ケッパーはみじん切りにする。
2 ボウルに1、混ぜ合わせたAを入れ、和える。
3 器に盛り、黒こしょうをふり、バゲットを添える。

鯛と菜の花の昆布じめ

昆布にはさんで寝かせるだけで
極上の一品に

材料　2〜3人分

鯛（刺身用）……1さく
菜の花……1束
昆布……2枚
塩……少々

作り方

1 鯛は刺身のように切る。
菜の花は下のかたい部分を切り落とし、塩ゆでして冷水にさらす。水けをきり、半分に切る。

2 昆布をぬれ布巾で拭き、鯛をのせて塩をふる。その上に菜の花をのせて塩をふり、昆布ではさむ。ラップできゅっと巻いて包み、冷蔵庫で半日〜一日おく。冷蔵で3日ほど保存可能。

ぶりと大根のバター照り焼き

バターを加えてコクをプラス。ぶりがふっくらおいしい

材料　2人分

大根……2㎝
ぶり（切り身）……2切れ／塩……少々
バター……10g
A
- みりん……大さじ2
- しょうゆ……大さじ1と½
- 砂糖……小さじ2

ゆでほうれん草……適量

作り方

1 大根は半分の厚さに切り、半月切りにし、竹串が刺さるくらいのかたさにゆでる。ぶりは塩をふって冷蔵庫で15分ほどおき、キッチンペーパーで水けを拭き取る。

2 フライパンにバターを熱し、1を入れ、火が通っておいしそうな焼き色がつくまで焼く。Aを加え、照りが出るまで焼きからめる。

3 器に盛り、ゆでほうれん草を添える。

牡蠣とピーマンの天ぷら

クリーミーな牡蠣と苦みのある
ピーマンの絶妙な組み合わせ

材料　2〜3人分

ピーマン…3個（牡蠣と同じくらいの大きさのもの）
牡蠣…6個／塩または大根おろし…適量
薄力粉…適量
A［薄力粉…2/3カップ
冷水…2/3カップ（様子を見て量は加減）
塩…少々
揚げ油…適量

作り方

1 ピーマンは半分に切る。牡蠣は塩または大根おろしを揉み込み、丁寧に水で洗ってキッチンペーパーで水けを拭き取る。

2 ピーマンの内側に薄力粉をはたく。牡蠣にも薄力粉をまぶし、余分な粉をはらってからピーマンの中に入れる。

3 ボウルにAを入れ、とろんとするくらいまでよく混ぜる。

4 揚げ油を180℃に熱し、2を3にくぐらせて揚げる（泡が小さくなるくらいまで）。

揚げたらとほたてのおろしあんかけ

冬の海の幸をサクッと揚げて。おろしあんをたっぷりと

材料　2〜3人分

たら（切り身）…2切れ／塩…少々

ほたて（刺身用）…4〜6個／片栗粉…大さじ3

和風だし汁…200㎖

A
- 酒・みりん…各大さじ1
- しょうゆ…小さじ2／塩…小さじ¼

水溶き片栗粉…片栗粉小さじ2＋水大さじ1

大根…4㎝／揚げ油…適量／小ねぎ（小口切り）…適量

作り方

1. たらは塩をふり、冷蔵庫で15分ほどおく。キッチンペーパーで水けを拭き取り、骨があれば取り除き、3〜4等分に切る。
2. 1、ほたてに片栗粉を薄くまぶし、5分ほどおく。
3. 鍋に和風だし汁を煮立て、Aを加えて再び煮立ったら、水溶き片栗粉を加えてとろみをつける。
4. 大根はすりおろし、ザルにあげて水けをきり、3に加える。
5. 揚げ油を180℃に熱し、2を揚げる。
6. 器に5を盛り、4をかけ、小ねぎを散らす。

たらちり

豆腐は絹でも木綿でもお好きなほうで

材料　2〜3人分

たら(切り身)…2切れ／塩…少々／豆腐…1丁
長ねぎ…1本／昆布だし汁…1ℓ
酒…50mℓ／ポン酢しょうゆ…適量
長ねぎ(小口切り)…適量／かつお節…適量

作り方

1 たらは塩をふり、冷蔵庫で15分ほどおく。キッチンペーパーで水けを拭き取り、2〜3等分に切る。豆腐は6等分に切り、長ねぎは斜め切りにする。

2 鍋に昆布だし汁を煮立たせ、酒を加える。再び煮立ったら1を加え、弱めの中火でゆっくり温める。

3 器に盛り、ポン酢しょうゆ、長ねぎ、かつお節をかけて食べる。

*食べ終わったら、ごはんを加えて煮立て、塩、しょうゆ、ほんの少しの味の素を加えて味つけし、溶き卵を回し入れ、蓋をして少し加熱する。器に盛って小ねぎ(小口切り)を散らしてもおいしい。

白菜、豚バラ、春雨、干ししいたけの鍋もの

海の幸の旨みがしみわたるアツアツの中華鍋

材料　2～3人分

A
- 干し貝柱……10g
- 干しえび……10g
- 干ししいたけ……大4枚
- 昆布……10㎝角1枚

白菜……¼個
豚バラ薄切り肉……250g
春雨（乾燥）……80g
酒……50㎖
塩……適量
しょうゆ……大さじ1と½
ごま油……適量
ラー油（または食べるラー油）……適量

作り方

1 Aは200㎖の水（分量外）に一晩浸けておく。

2 白菜の葉と葉の間に豚肉をはさみ、10㎝幅（鍋の高さくらい）に切る。土鍋に白菜の切り口が上になるように並べて敷き詰める。

3 春雨は熱湯で戻す。1の干ししいたけは薄切りにし、干し貝柱はほぐす。1の戻し汁は捨てずにとっておく。

4 2に干ししいたけを広げてのせ、春雨を食べやすい長さに切ってのせる。干し貝柱、干しえび、1の戻し汁、酒、塩小さじ1を加えて蓋をし、強火にかけて煮立ったら弱めの中火にして20分ほど蒸し煮にする。塩少々、しょうゆ、ごま油で味をととのえる。

5 器に盛り、ラー油をたっぷりとかけて食べる。

鶏団子と中国春雨、にら、キャベツの煮込み

じゃがいもでんぷんのもちもち春雨で作ってほしい

材料　2〜3人分

中国春雨（乾燥／平たいもの、またはお好みの春雨）…100g
キャベツ…¼〜½個
にら…1束

スープ
昆布だし汁…1ℓ／酒…50mℓ
しょうゆ…大さじ1
赤唐辛子（半分に切って種を取り除く）…1本分
鶏がらスープの素（顆粒）…小さじ2／塩…少々
にんにく（薄切り）…1かけ分

鶏団子（作りやすい分量）
鶏ひき肉…400g
玉ねぎ（みじん切り）…½個分
溶き卵…1個分／パン粉…大さじ3
酒…大さじ2／しょうゆ…大さじ1
砂糖…小さじ2／塩…少々

作り方

1 春雨は熱湯で戻し、食べやすい長さに切る。キャベツはざく切りにし、にらは食べやすい長さに切る。

2 鍋にスープの材料を入れて煮立たせる。ボウルに鶏団子の材料を入れてよくこね、丸めて鍋に加える。**1**を加え、具材に火が通るまで煮込む。

いか大根

いかの旨みとコクがじんわりと大根にしみわたる

材料　2〜3人分
するめいか…2杯
大根…1/3本
A［和風だし汁…300㎖／酒…100㎖／みりん…100㎖／砂糖…大さじ5／しょうゆ…大さじ4／しょうが（薄切り）…1かけ分

作り方

1 いかは内臓を取り除いて胴は輪切りにし、足は食べやすい大きさに切る。大根は半月切りにし、竹串がギリギリ刺さるくらいのかたさになるまで下ゆでする。

2 鍋にAを煮立たせ、いかを加えて2〜3分煮て、一度取り出す。

3 2の鍋に大根を加え、落とし蓋をして小さくふつふつとするくらいの火加減で15分ほど煮込んで煮汁をこってりさせる。いかを戻し入れて1分ほど煮込み、火を止めて冷ます。

4 食べるときにもう一度温める。

骨つきもも肉のグリル

ブライン液に一日漬けて
オーブンで焼くだけで香り豊かに

材料　2人分

ブライン液
水…400㎖／塩・砂糖…各大さじ1と½
パセリの茎・レモンの皮・タイム・
ローズマリーなど…各適量
にんにく（つぶす）…2かけ分
ローリエ…3枚／黒こしょう…少々

骨つき鶏もも肉…2本
EVオリーブオイル…小さじ2
お好みのつけ合わせ
…適量（写真はミニトマト、レモン、クレソン）

作り方

1 大きめのジッパーつき保存袋にブライン液の材料を入れて混ぜ、塩と砂糖を溶かす。鶏肉を加えて袋の空気を抜いて口を閉じ、丸一日ほど冷蔵庫で漬ける。

2 1の鶏肉の水けをキッチンペーパーで拭き取り、オリーブオイルをからめる。

3 230℃に予熱したオーブンに2の鶏肉を皮目を上にして入れ、温度を220℃に下げて30分ほど焼く。

4 器に盛り、お好みのつけ合わせを添える。

ほたてとじゃがいものグラタン

ほたてとベーコンの旨みがたっぷり

材料　2〜3人分

じゃがいも…3個／玉ねぎ…½個
ベーコン…4枚／ピザ用チーズ…ひとつかみ
にんにく（みじん切り）…1かけ分
塩・黒こしょう…各少々／ほたて缶（貝柱水煮）…1缶
生クリーム…200㎖／パプリカパウダー…少々

作り方

1 じゃがいもは薄い輪切りにし、水に5分ほどさらし、水けをきる。玉ねぎは薄切りにし、ベーコンは細切りにする。

2 耐熱容器の内側にオリーブオイル（分量外）を薄く塗り、じゃがいも、ピザ用チーズ（一番上にのせる用に少しとっておく）、玉ねぎ、にんにく、ベーコンを順に入れ、塩、黒こしょうをふり、ほぐしたほたて（汁ごと）、生クリームを加え、とっておいたピザ用チーズをのせる。

3 210℃に予熱したオーブンに2を入れ、温度を200℃に下げて30分ほど焼く。

4 焼き上がったらパプリカパウダーをふる。

鮭のチャウダー

生クリームで
濃厚に

たらとセロリとじゃがいものスープ

白だしが隠し味の
冬のスープ

材料　2～3人分

鮭（切り身）…2切れ／塩・黒こしょう…各適量
玉ねぎ…1個／にんじん…小1本／じゃがいも…大1個
バター…15g／ローリエ…1枚／水…適量
チキンコンソメ（固形）…1個
A［生クリーム…200mℓ／塩…少々
ディル…あれば適量

作り方

1 鮭は2㎝角くらいに切り、酒適量（分量外）でさっと洗い、キッチンペーパーで水けを拭き取り、塩・黒こしょう各少々をまぶす。玉ねぎは粗みじん切りにし、にんじんは8㎜角に切る。じゃがいもは1㎝角に切り、水に5分ほどさらし、水けをきる。

2 厚手の鍋にバターを熱し、バターを焦がさないように溶かし、玉ねぎ、にんじん、じゃがいも、ローリエを加えて炒め、透明感が出たら鮭を加えて軽く炒める。

3 2に水をひたひたに加え、チキンコンソメを加えたら、ときどきかき混ぜながら弱火でコトコト10分ほど煮込む。

4 にんじんがやわらかくなったらAを加え、煮立つ直前くらいの火加減で10分ほど煮込む。最後に塩、黒こしょうで味をととのえる。

5 器に盛り、黒こしょう少々をふり、刻んだディルを散らす。

材料　2～3人分

たら（切り身）…3切れ
じゃがいも…1個／玉ねぎ…½個／セロリ…½本
にんにく（つぶす）…1かけ分／EVオリーブオイル…大さじ1
ローリエ…2枚／塩…小さじ½／酒…大さじ1
水…400mℓ／白だし…大さじ1
塩・黒こしょう…各適量
パルミジャーノ・レッジャーノ…適量

作り方

1 たらは2㎝角くらいに切る。じゃがいもは8㎜角に切り、水に5分ほどさらす。玉ねぎは粗みじん切りにし、セロリは8㎜角に切る。

2 厚手の鍋ににんにく、オリーブオイルを入れて弱火にかけ、にんにくがふつふつし、香りが十分に出たら、ローリエ、玉ねぎ、セロリを加え、野菜に透明感が出るまで炒める。じゃがいも、塩を加え、さっと炒める。

3 2に酒、水、白だし、たらを加え、15分ほど煮込み、塩、黒こしょうで味をととのえる。

4 器に盛り、パルミジャーノ・レッジャーノをすりおろし、黒こしょう少々をふる。

鮭餅

材料　4人分

餅……3個／焼き鮭（切り身）……1切れ
長ねぎ……½本／バター……10g
だしじょうゆ……適量／刻みのり……適量

作り方

1 餅は半分に切る。焼き鮭は骨を取り除き、ほぐす。長ねぎは薄い小口切りにする。

2 フライパンにバターを熱し、餅を入れて焼く。

3 器に2を盛り、焼き鮭、長ねぎ、だしじょうゆを加えて和え、刻みのりをのせる。

餅と魚肉ソーセージの卵炒め

材料　4人分

餅……2個／魚肉ソーセージ……1本
卵……3個
塩・黒こしょう……各少々
ごま油……小さじ2
小ねぎ（小口切り）……2本分
焼きのり……適量

作り方

1 餅は6等分の角切りにし、焦がさないように焼く。魚肉ソーセージは8㎜幅に切る。卵は溶いて塩、黒こしょうを混ぜる。

2 フライパンにごま油を熱し、魚肉ソーセージを炒める。焼いた餅を加えてさっと炒め、溶き卵を流し入れてふんわりと炒める。

3 器に2を盛り、小ねぎ、ちぎった焼きのりをのせる。お好みでしょうゆとマヨネーズをかける。

水餅

材料　餅……適量

作り方

1 ボウルに餅（大きければ食べやすい大きさに切る）、餅がしっかり浸かるくらいの水を入れ、半日ほど浸ける（水を替えながら、暗くて寒い場所で保存すれば、2～3日保存可能）。

2 **1**の餅をゆでる。

＊お好みのたれにつけたり、和えたりして食べる。

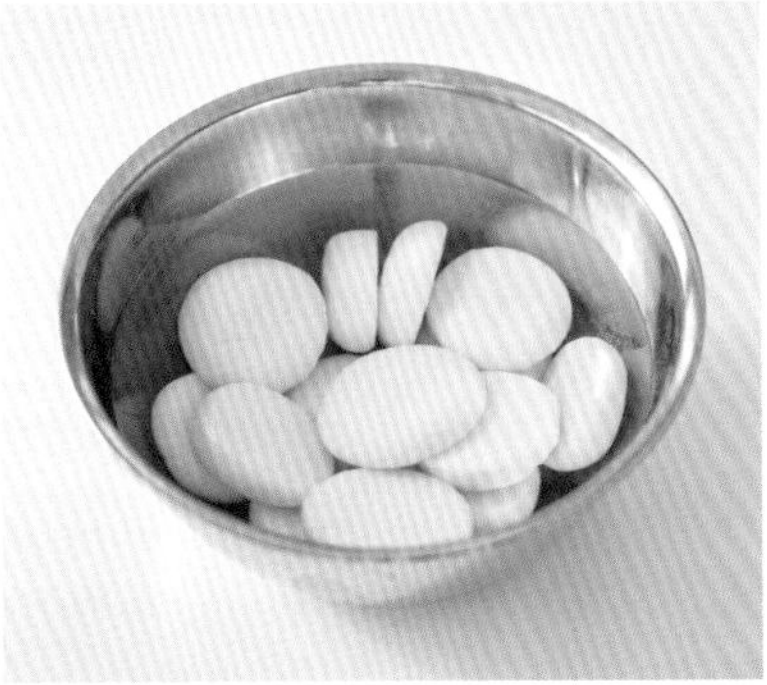

ゆず餅

材料と作り方　2～3人分

1 鍋に刻んだゆずの皮1個分、ゆずの搾り汁1個分、グラニュー糖大さじ2を煮詰める。

2 **1**とゆでた餅（上記）適量を和え、白あん（市販）適量を加えて和える。

からみ餅

材料と作り方　2～3人分

1 大根おろし適量の水けをきり、めんつゆ（3倍濃縮）適量と混ぜる。

2 **1**とゆでた餅（上記）適量を和える。

卵納豆餅

材料と作り方　2～3人分

1 納豆1パックは付属のたれとからしを入れて混ぜ、卵黄1個分、長ねぎ（みじん切り）適量を加えて混ぜる。

2 **1**とゆでた餅（上記）適量を和える。

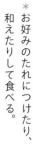

COLUMN 平岡さんのごはんの秘密 4

やさしい味のもの、香りがよいもの、旬のものが好き。

この文章を書いているのが2月中旬で、もうすぐ春になろうというところです。朝晩はまだ寒いけれど、昼間、お日さまの下を歩くと、ぽかぽかと暖かく、真冬の寒さとは少し変わりつつあることを感じます。食事作りを考えるとき、一番好きだと思う季節です。寒い冬を乗り越え、雪の下で力を蓄えていた野菜たちがグングンと雪をかき分け、地上に出てくるイメージです。力強さを感じずにはいられません。この力を分けてもらえたら、ジメジメとした梅雨も、強い日差しに負けそうになる暑い夏にも、元気に立ち向かえるような気がするのです。

今、好んで食べているのは「せり」「春菊」「ふきのとう」「菜の花」など。香りとほろ苦さをつい求めてしまいます。近くの市場へ出向くと「たけのこ」「アスパラガス」「グリーンピース」なども顔を出し始め、早く食べたいなとワクワクしているところです。

「せり」などはちょうど旬の真っ盛りに差しかかってきているようで、
1月の頃よりも半分近くの安価で手に入るようになりました。
そんなわけで、旬のものは旬のこの時季に食べるのが
何よりもおすすめだ、と思うのです。
お浸しにしたり、天ぷらにしたり、ソースにしたり…。
ごはんに混ぜて食べるのも好きです。香りがとてもよく、春の訪れを感じます。

そうした旬のものは、できるだけそのままの味を引き出せるように、
味つけで使う調味料は、最小限に。
調味料の味ではなくて、素材の持つ自然な味を残して味つけをするようにして、
その食材の持つ本来の味のやさしさ、香りを存分に感じてみることも、
豊かな食事のあり方かなと思います。

まだ10代の娘は、ふきのとうや春菊、せりの香りやほろ苦さに
首をかしげることもありますが、私はおかまいなしに食卓に並べます。
今よりもっと小さな頃から娘のお弁当などにも、
木の芽をたたいて1～2枚入れることもありました。
お弁当箱を開けた時に「あぁ～、春の香り」と、
いつか感じてもらえたら何よりと思っています。
香りを知らなければ感じることもできません。
まずは知ってほしいと思っています。

PART 5

いつでも食べられる定番おかずたち

冷蔵庫や食品庫に常備している食材をメインに使ってパパッと作れるいつものおかず。簡単にできて、家族みんなが喜ぶ定番おかずをぜひ、どうぞ。

しらすのアヒージョ

ふんわりやわらかいしらすが手に入ったら作りたい

材料　2～3人分

EVオリーブオイル……80㎖
にんにく（みじん切り）……1かけ分
赤唐辛子（種を取り除く）……½本分
しらす干し……50g
刻みパセリ……大さじ2
塩・黒こしょう……各適量
バゲット（斜め切り）……適量

作り方

1 小さめのフライパンにオリーブオイル、にんにく、赤唐辛子を入れ、弱火にかける。ふつふつとしてにんにくが少し色づいてきたら、しらす、パセリを加え、火を止める。塩、黒こしょうで味をととのえる。

2 バゲットなどにのせて食べる。

できたてをすぐに食べてほしい鶏むね肉のチーズ炒め

アツアツがとにかくおいしいおかず

材料　2～3人分

鶏むね肉……1枚
A
　塩……小さじ¼
　黒こしょう……少々
　酒……大さじ1
EVオリーブオイル……小さじ2
ピザ用チーズ……ひとつかみ
しょうゆ……適量

作り方

1 鶏肉は食べやすい大きさのそぎ切りにし、ポリ袋に入れる。Aを加え、揉み込む。

2 フライパンにオリーブオイルを熱し、1を炒める。火が通ったら、ピザ用チーズを加えて炒め、チーズが溶けたら器に盛り、しょうゆをかける。

＊チーズが固まる前に、とろとろの状態で食べるのがおすすめ。

かにかまとねぎのふんわり卵炒め

かにかまを使ってボリューム満点！ふわふわ卵に仕上げて

材料　2〜3人分

かに風味かまぼこ…100g／長ねぎ…1本

卵…4個／ごま油…小さじ2

中華スープの素（ペースト）…あれば小さじ½

塩・黒こしょう…各少々／しょうゆ…適量

作り方

1 かに風味かまぼこはほぐし、長ねぎは斜め切りにする。卵は溶く。

2 フライパンにごま油を中火で熱し、長ねぎ、かに風味かまぼこ、中華スープの素を入れて炒め、塩、黒こしょうをふる。溶き卵を流し入れ、強火でふんわり仕上がるようにやさしく、大きく、ゆっくりと炒める。

3 卵が半熟の状態で器に盛り、しょうゆをかけ、お好みで黒こしょうをふる。

もずくのチヂミ

もずくを入れることでふわふわ、もっちり食感に

材料　2〜3人分

にんじん…½本／小ねぎ…⅓束
もずく（味のついていないもの）…60g

A
薄力粉…1カップ弱
片栗粉…大さじ3
かつおだし汁…200㎖
溶き卵…2個分

ごま油…大さじ1

たれ
しょうゆ…大さじ1
酢・白炒りごま…各小さじ1
粉唐辛子…少々

作り方

1 にんじんは半分の長さに切り、細切りにする。小ねぎは小口切りにする。もずくは水けをきる。
2 ボウルにAを入れてよく混ぜ、1を加えて混ぜる。
3 フライパンにごま油を熱し、2を流し入れ、両面をカリカリに焼く。
4 3を食べやすい大きさに切って器に盛る。混ぜ合わせたたれを添える。

豆腐と豚肉とたっぷりねぎの吸いもの

大きめの豆腐がうれしい。心も体もほっとする

材料　2〜3人分

豚バラ薄切り肉……100g
長ねぎ……1/3本
和風だし汁……600㎖
A［酒・しょうゆ……各大さじ1
　塩……小さじ1/4
絹豆腐……1丁

作り方

1 豚肉は4等分に切る。長ねぎは薄い小口切りにする。
2 鍋に和風だし汁を煮立て、Aを加えて煮立てる。豚肉を加えたら、豆腐をカレースプーンなどで大きくすくうようにして加え、中火で2分ほど加熱する。
3 器に盛り、長ねぎをのせる。

かんぴょうの卵とじ

シコシコと噛みごたえのあるかんぴょうの吸いもの風

材料　2〜3人分
かんぴょう…20g／塩…小さじ1
和風だし汁…600㎖
塩…少々
酒…小さじ2
卵…2個
しょうゆ…小さじ2

作り方
1 かんぴょうは塩揉みしてよく洗い、3㎝長さに切る。
2 鍋に和風だし汁を煮立て、塩、酒を加える。
3 ボウルに卵を溶き、1を加える。
4 2にしょうゆを加え、3をお玉を使って少しずつ加える。卵がふんわりとしたらすぐに火を止める。

＊かんぴょうがかたいと感じる方は、2にかんぴょうを加えて5分ほど煮てから、溶き卵をふんわりと加えて。

にんにくワンタンスープ

とろとろワンタンが体にしみわたる

材料　2～3人分

A
豚ひき肉…200g
にんにく（みじん切り）…1かけ分
しょうゆ…小さじ2／塩…小さじ¼
黒こしょう…少々

ワンタンの皮…20枚／水…600㎖
中華スープの素（顆粒／または顆粒のラーメンスープ）…適量（水600㎖分の量）
酒…大さじ1／塩…少々／しょうゆ…小さじ1
ごま油…小さじ1～2／長ねぎ（みじん切り）…適量
黒こしょう…適量

作り方

1 ボウルにAを入れ、よく練り混ぜたら、ワンタンの皮で包む。

2 鍋に水を入れて沸かし、中華スープの素、酒、塩、しょうゆを加える。

3 別の鍋に湯を沸かし、1をさっとゆで（浮かび上がってくればOK）、2のスープに加えて1分ほど煮る。

4 3にごま油を加えて器に盛り、長ねぎを加え、黒こしょうをふる。

あまりがちワンタンの皮でタルトフランベ風に

ワンタンの皮を生地に見立ててオーブンで焼くだけ

材料　40×30㎝分

ベーコン…3枚／玉ねぎ…½個
ワンタンの皮…24枚くらい
EVオリーブオイル・マヨネーズ…各適量
塩・黒こしょう…各少々
パルミジャーノ・レッジャーノ…大さじ2
サワークリーム…大さじ3

作り方

1 ベーコンは細切りにし、玉ねぎはみじん切りにする。
2 オーブンの天板にオーブン用のクッキングシートを敷き、ワンタンの皮を端が少し重なるように並べる。オリーブオイル、マヨネーズをワンタンの皮を覆うようにサーッとかけ、全体に伸ばす。1を散らし、塩、黒こしょう、すりおろしたパルミジャーノ・レッジャーノをふり、サワークリームをまんべんなくのせる。
3 230℃に予熱したオーブンで5〜6分焼く。

あさりと豚肉のフライパン蒸し

あさりと豚バラ肉のダブルの旨み。
フライパンごと食卓へ

材料　2〜3人分

豚バラ薄切り肉……300g
ごま油……小さじ2
にんにく（みじん切り）……1かけ分
赤唐辛子（種を取り除く）……1本分
あさり（砂抜き済）……600g
酒……50㎖／塩・黒こしょう……各適量
しょうゆ……ひと回し／小ねぎ（小口切り）……適量

作り方

1 豚肉は4等分の長さに切る。
2 フライパンにごま油、にんにく、赤唐辛子を入れ、弱火にかける。にんにくがふつふつして薄く色づいてきたら、あさり、1を加えて中火にし、さっと混ぜる。酒を加えて蓋をし、弱めの中火で豚肉の色が変わり、あさりが開くまで加熱する。塩、黒こしょうで味をととのえる。
3 しょうゆをかけ、小ねぎを散らす。

鶏肉と長ねぎ、豆豉《とうち》のフライパン蒸し

鶏肉に下味を揉み込んで蒸すだけ。豆豉のコクがじんわり

材料　2〜3人分
鶏もも肉…2枚
長ねぎ…1本
A
酒…大さじ1
豆豉（細かく刻んだもの、または豆豉醤）…大さじ2
しょうゆ…小さじ2
にんにく（すりおろし）…小さじ1
オイスターソース…小さじ1
塩…少々
ごま油…大さじ1

作り方

1 鶏肉はひと口大に切る。長ねぎは1㎝幅に切る。

2 ポリ袋に鶏肉、**A**を入れ、よく揉み込む。

3 フライパンに**2**を袋に残った調味料ごと広げて入れ、長ねぎをのせて蓋をする。強火にかけ、ふつふつとしてきたら、弱めの中火にして鶏肉に火が通るまで蒸し焼きにする。

カリカリじゃこと油揚げ、しゃぶしゃぶ香味野菜サラダ

平岡家の春雨サラダ

食べごたえ満点のおかずサラダ

材料 2〜3人分

お好みのレタス類（グリーンカールなど）…⅓個
ブロッコリースプラウト…1パック
小ねぎ…3本／みょうが…2本
油揚げ…2枚／ちりめんじゃこ…40g／ごま油…小さじ1
豚バラしゃぶしゃぶ用肉…200g

A
EVオリーブオイル…大さじ2
ポン酢しょうゆ・白炒りごま…各大さじ1
めんつゆ（3倍濃縮）…小さじ1

作り方

1 レタス類は冷水に20分ほどさらしてシャキッとさせ、食べやすい大きさにちぎる。ブロッコリースプラウトは根元を切り落とす。小ねぎは小口切りにし、みょうがは斜め薄切りにする。

2 油揚げは半分の長さに切り、細切りにする。フライパンを油をひかずに熱し、カリカリに炒める。ちりめんじゃこはごま油をひいたフライパンでカリカリに炒める。豚肉は酒適量（分量外）を加えた熱湯でしゃぶしゃぶする。

3 器にレタス類、豚肉、油揚げを順に盛り、小ねぎ、みょうが、ちりめんじゃこ、ブロッコリースプラウトをトッピングする。混ぜ合わせたAをかける。

好きな具材を取り分けるスタイルで

材料 2〜3人分

春雨（乾燥）…80g／きくらげ（乾燥）…10g
ハム…4枚／卵…2個
塩・砂糖…各少々／お好みの植物油…適量
きゅうり…1本／かに風味かまぼこ…80g

中華風ごまだれ
白すりごま・しょうゆ…各大さじ3
白練りごま・鶏がらスープの素（顆粒）…各大さじ2
米酢…大さじ1／砂糖・ごま油…各小さじ2

作り方

1 春雨は熱湯で戻し、食べやすい長さに切る。きくらげは水で戻し、2分ほど下ゆでしてから細切りにする。ハムは半分の長さに切り、細切りにする。卵は溶いて塩、砂糖を混ぜ、植物油を薄くひいたフライパンで薄く焼き、ハムと同じくらいの幅の細切りにして錦糸卵を作る。

2 きゅうりは細切りにし、かに風味かまぼこはほぐす。

3 器に春雨を盛り、残りの具材を盛る。別の器に混ぜ合わせた中華風ごまだれを入れる。食べるときに各々の器に盛り、中華風ごまだれをかける。

コーン、枝豆、ハムのパスタサラダ

ショートパスタがあれば作れる簡単サラダ

材料　2～3人分

お好みのショートパスタ…180g
コーン缶…小1缶（150g）
ハム…4枚
ゆで枝豆…正味⅔カップ
EVオリーブオイル…大さじ2
ハーブ塩…小さじ½
黒こしょう…少々

作り方

1 パスタは袋の表示より1分ほど長くゆで、冷ます。コーンは水けをきる。ハムは1㎝四方に切る。

2 ボウルに**1**、枝豆、オリーブオイル、ハーブ塩を入れて混ぜ、器に盛り、黒こしょうをふる。

にんじん、くるみ、トマト、ブロッコリー、オリーブ、ツナのサラダ

緑黄色野菜を思いっきり食べたいときに作りたい一品

材料　2〜3人分

にんじん…小1本／トマト…大1個
ブロッコリー…1株／くるみ…大さじ3
黒オリーブ…30g／ツナオイル漬け缶…小1缶

A
EVオリーブオイル…大さじ2
しょうゆ…大さじ1／レモン汁…小さじ2
ハーブ塩…少々

作り方

1 にんじんは拍子木切りにし、トマトは2cm角に切る。ブロッコリーは食べやすい大きさに切って塩ゆでし、水けをきり、冷ます。くるみはフライパンで炒ってから冷まし、食べやすい大きさに砕く。黒オリーブは種を取り除き、輪切りにする。

2 ボウルに**1**、オイルをきったツナ、**A**を入れ、和える。

つなぎなしのハーブハンバーグ

牛ひき肉とハーブ塩を混ぜて焼くだけ

材料　2人分

牛ひき肉……600g
ハーブ塩……大さじ1
EVオリーブオイル……小さじ1

作り方

1 ボウルにひき肉、ハーブ塩を入れ、白っぽくなるまでよく混ぜる。4等分にし、キャッチボールをするように空気を抜きながら小判形に成形する。

2 フライパンにオリーブオイルを強めの中火で熱し、1を入れて両面を色よく焼く。水大さじ1（分量外）を加えて蓋をし、弱火〜弱めの中火で10分ほど焼く。

3 器に盛り、お好みでクレソン、レモン、フレンチマスタードを添える。

＊オーブンで焼く場合は、オーブン加熱のできるフライパンにオリーブオイル小さじ1をひいて肉だねの両面に強めの中火で焼き色をつけ、200℃に予熱したオーブンで10分ほど焼く。

ビーフステーキ

レアで食べごたえがある牛肉がごちそう

材料　2人分

牛ステーキ用肉…2枚

紫玉ねぎ…½個／アボカド…1個

A［EVオリーブオイル…大さじ2
レモン汁…小さじ1／ハーブ塩…少々

トマト（小さめのもの）…1個

B［EVオリーブオイル…大さじ1／ハーブ塩…少々

塩（あれば岩塩）・黒こしょう…各少々／味の素…ほんの少々

バター…10g／しょうゆ…適量

作り方

1 牛肉は焼く30分ほど前に冷蔵庫から出しておく。

2 紫玉ねぎは薄切りにして冷水にさらし、水けをきる。アボカドはひと口大に切り、Aを和える。トマトは6等分に切り、Bを和える。

3 1に塩、黒こしょう、味の素を順にふる。フライパンにバター5gを熱し、牛肉を入れて強火で両面を1分30秒ずつ焼く。

4 アルミホイルに3を1枚ずつおき、残りのバターを2等分にしてのせ、包んで5分ほど休ませる。

5 器に4を盛り、2を添える。しょうゆをかけ、トマト、アボカド、紫玉ねぎもソースのように組み合わせて食べる。

カレー肉じゃが

うずらの卵がアクセントの定番おかず

材料　2～3人分

じゃがいも…5個／玉ねぎ…大1個
豚バラ薄切り肉…200g／さやいんげん…10本
太白ごま油…大さじ1／糸こんにゃく（アク抜き済）…1袋
うずらの卵（水煮）…12個

A［酒…100㎖／砂糖…大さじ5

B［しょうゆ…大さじ5／みりん…大さじ1
　カレー粉…小さじ2

作り方

1 じゃがいもは半分に切り、水に5分ほどさらす。玉ねぎは8等分くらいのくし形切りにする。豚肉は3等分の長さに切る。さやいんげんは筋を取り除いて塩ゆでし、2～3等分の長さに切る。

2 厚手の鍋に太白ごま油を熱し、じゃがいも、玉ねぎを加えて透明感が出るまで炒める。糸こんにゃく、**A**を加え、落とし蓋をし、弱めの中火で10分ほど、あまりかき混ぜずに煮込む。

3 じゃがいもに竹串がすっと刺さり、ホクホクになったら、豚肉、うずらの卵を加える。豚肉の色が変わったら、**B**、さやいんげんを加えて3分ほど煮込む。

ローストポーク

ハーブ塩豚に極上ソースを添えて

材料　2〜3人分

豚肩ロースかたまり肉……500g
ハーブ塩（または塩と黒こしょう）……大さじ1
EVオリーブオイル……小さじ2
ソース［はちみつ……大さじ2／バター……10g
　　　　白ワイン・しょうゆ・粒マスタード……各大さじ1

作り方

1 豚肉にハーブ塩を揉み込み、ぴっちりとラップで包む。ジッパーつき保存袋に入れて空気を抜いて口を閉じ、冷蔵庫で丸一日おく（2日間くらいおいても大丈夫）。

2 **1**の水けを拭き取り、オリーブオイルを塗り込む。

3 200℃に予熱したオーブンに、**2**を入れる。190℃に下げて20分、200℃に上げて15分ほど、ときどき上下左右を返しながら焼く。焼きあがったら粗熱が取れるまでアルミホイルに包んでおく。

4 ソースを作る。小さめのフライパンにはちみつを入れ、弱火にかけてほんのりキャラメル色になるまで煮詰める。バターを加えて溶かしたら、白ワイン、しょうゆ、粒マスタードを加えて混ぜる。

5 **3**を食べやすい厚さに切り、器に盛り、**4**を添える。お好みでマッシュポテトを添え、黒こしょうをふる。

薬味の肉巻き春巻き

豚肉の旨みとたっぷり薬味でさっぱり

材料　10本分

みょうが…4本／長ねぎ…1本／青じそ…20枚

にんじん…1本／三つ葉…1袋／えのきだけ…½袋

A［塩・黒こしょう…各少々／片栗粉…大さじ1

豚ロースしゃぶしゃぶ用肉…20枚／塩・黒こしょう…各少々

春巻きの皮…10枚／水溶き小麦粉…適量

揚げ油…適量／マヨネーズ・しょうゆ…各適量

作り方

1 みょうが、長ねぎは斜め薄切り、青じそは半分に切ってせん切りにする。にんじんは3㎝長さの細切りにし、三つ葉は3㎝幅に切る。えのきだけは3㎝長さに切る。

2 ボウルに1、Aを入れ、さっと混ぜ合わせる。

3 豚肉は塩、黒こしょうをまぶす。

4 春巻きの皮を1枚広げ、3の2枚を少し重なるようにのせ、上に2を1/10量のせる。手前側の皮を具材を包み込むようにかぶせ、左右の皮を内側に折ってから、きゅっと巻いて水溶き小麦粉でとめる。これを10本作る。

5 4を180℃に熱した揚げ油できつね色になるまで揚げる。

6 器に盛り、マヨネーズ、しょうゆを添える。

かまぼこを揚げる

かまぼこをわざわざ買ってくるほど家族に大人気の食べ方

材料　2～3人分

かまぼこ……1本
揚げ油……適量
塩（あれば岩塩）……適量

作り方

1 かまぼこは2～3㎜幅に切る。

2 **1**を180℃に熱した揚げ油で揚げる。

3 器に盛り、塩をふる。

赤ウインナーをカリカリに焼いて少し黒こしょう

切り目を入れたり、飾り切りをして炒めるだけでみんな喜ぶ

材料　2～3人分

赤ウインナー……1袋
お好みの植物油……小さじ¼
黒こしょう……適量

作り方

1 赤ウインナーは斜めに切り目を入れたり、たこさん形に切る。

2 フライパンに植物油を熱し、**1**をカリカリに焼く。

3 器に盛り、黒こしょうをふる。

冷凍しゅうまいは蒸さずに揚げたらおいしい

ときどき目先を変えてみると新しい発見が！

材料　2〜3人分

冷凍しゅうまい……1パック

揚げ油……適量

作り方

1 凍ったままのしゅうまいを180℃に熱した揚げ油でカリッときつね色になるまで揚げる。

市販の唐揚げ粉で作るのがおいしい砂肝の唐揚げ

スパイスがブレンドされている唐揚げ粉でお店の味に

材料　2〜3人分

砂肝⋯1パック
唐揚げ粉（市販）⋯適量（袋の表示を確認し、砂肝の分量に合う量）
揚げ油⋯適量

作り方

1 砂肝は白い部分を取り除き、半分に切る。唐揚げ粉をしっかりまぶし、5分ほどおく。

2 **1**の余分な粉を落とし、180℃に熱した揚げ油でカリッと揚げる。

燻製うずらのフライ

おつまみのうずら卵に衣をつけてカリッと揚げて一品

材料　2〜3人分

燻製うずらの卵（市販）……15個
薄力粉……適量
溶き卵……適量
パン粉（細かめ）……適量
揚げ油……適量

作り方

1 燻製うずらの卵に薄力粉、溶き卵、パン粉の順に衣をつけ、180℃に熱した揚げ油でカリッと揚げる。

モッツァレラとアンチョビにオレガノをかけたカナッペ

モッツァレラチーズがとろんと溶けてきたら食べ頃

材料　お好みの分量

バゲット（斜め切り）……適量／EVオリーブオイル……適量
モッツァレラチーズ……適量／アンチョビ……適量
ドライオレガノ……適量／黒こしょう……少々

作り方

1 バゲットにオリーブオイル適量を塗り、8㎜厚さに切ったモッツァレラチーズ、半分に切ったアンチョビを順にのせ、ドライオレガノ、黒こしょうをふる。

2 **1**をオーブントースターなどで焼く。最後にオリーブオイル適量を回しかける。

タラモサラダをバゲットにのせて

バゲットにのせるとおいしいNo.1。白ワインと一緒に

材料　2〜3人分

じゃがいも……大2個
玉ねぎ……1/6個
たらこ……1腹
EVオリーブオイル……大さじ3
塩・黒こしょう……各少々
バゲット（斜め切り）……適量

作り方

1 じゃがいもは皮つきのまま半分に切り、水に5分ほどさらし、水けをきる。耐熱ボウルに入れてふんわりとラップをし、電子レンジで7分加熱する。熱いうちに皮をむき、しっかりめにつぶし、粗熱を取る。

2 玉ねぎはみじん切りにし、水に5分ほどさらし、水けをきる。たらこは身をこそげ取る。

3 **1**に**2**、オリーブオイル、塩、黒こしょうを加え、混ぜる。

4 器に盛り、バゲットにのせて食べる。

練りうににバターを合わせてひと口サンドに

ふわっと口の中で広がる磯の香り。ちょっと食べたいときに

材料　2〜3人分

バター……50g
ディル……3枝
練りうに……大さじ1と½
食パン（サンドイッチ用）……4枚

作り方

1 バターは常温に戻す。ディルは葉を摘み、粗く刻む。
2 練りうにに、バターを混ぜ合わせ、食パン1枚に塗る。ディルを散らし、もう1枚の食パンではさむ。これを2個作る。ラップで包み、冷蔵庫で30分ほどおく。
3 2を6等分に切る。

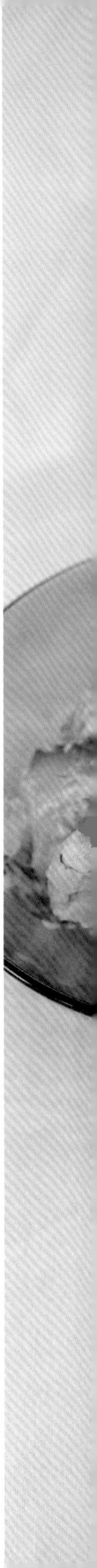

生湯葉をオリーブオイルと塩とわさびで食べる

実はスーパーのお豆腐売り場のすみっこで売っている生湯葉で

材料　お好みの分量

生湯葉⋯適量
EVオリーブオイル⋯適量
塩（あれば岩塩）⋯少々
わさび⋯適量

作り方

1 小皿などに生湯葉を盛る。オリーブオイルをかけ、塩をふり、わさびをのせる。

わさびとマヨネーズでえびアボカド

ゆでえびがあれば切って和えるだけ。塩昆布がアクセントに

材料　2～3人分

アボカド⋯1個
ゆでえび⋯8尾
A
マヨネーズ⋯大さじ2
塩昆布⋯小さじ2
わさび⋯小さじ1
塩（あれば岩塩）⋯適量

作り方

1 アボカドはひと口大に切る。
2 ボウルに**A**を入れてよく混ぜ、**1**、えびを加えて和える。

COLUMN

作りおきのたれ・ドレッシング・ソース

使い始めたら、保存期間にかかわらず、早めに食べきってください。
ドレッシング類やバジルソースは、冷蔵庫に長期間入れておくと
オリーブオイルが固まることがありますので、その場合は常温に戻してお使いください。

パプリカドレッシング

ビタミンたっぷりの濃厚ドレッシング

材料と作り方　作りやすい分量

フードプロセッサーにパプリカ（赤）⅓個、にんじん20g、トマト1個、玉ねぎ20g、スライスアーモンド（ローストしたもの）大さじ2、EVオリーブオイル大さじ4、酢大さじ2、塩・黒こしょう各少々を入れ、撹拌する。

サルサソース

サラダ、マリネ、揚げもののソースに

材料と作り方　作りやすい分量

1 トマト2個、ピーマン1個、紫玉ねぎ½個はみじん切りにする。

2 **1**、EVオリーブオイル大さじ4、レモン汁大さじ1強、ハーブ塩小さじ¼を混ぜ合わせる。

甘ごまみそ

田楽、ゆでた肉や魚、野菜の味つけに

材料と作り方　作りやすい分量

みそ大さじ6、みりん大さじ2、砂糖大さじ3、白すりごま大さじ2を混ぜ合わせる。

酢しょうが

脂身の多い肉を焼いたときにさっぱりと

材料と作り方　作りやすい分量

しょうが（みじん切り）2かけ分、酢大さじ2、はちみつ大さじ1、塩・黒こしょう各少々を混ぜ合わせる。

バジルソース

パスタはもちろん、マリネ、ソテーに

材料と作り方　作りやすい分量

フードプロセッサーにバジル60g、にんにく½かけ、塩小さじ1、松の実15g、くるみ（ローストしたもの）15g、EVオリーブオイル100㎖を入れ、撹拌する。

レモンドレッシング

レモンの酸味が爽やかな我が家の定番

材料と作り方　作りやすい分量

EVオリーブオイル大さじ3、塩ふたつまみ、黒こしょう少々、レモン汁小さじ2を混ぜ合わせる。

春にんじんのドレッシング

サラダや和えものでビタミン補給に

材料と作り方　作りやすい分量

1 にんじん⅓本はすりおろす（すりおろした状態で約65g）。レモン（またはゆず）½個は搾る。

2 **1**、はちみつ小さじ2、EVオリーブオイル大さじ5～6、塩・黒こしょう各少々を混ぜ合わせる。

にんにくしょうゆ

和風や中華風のおかずの味つけに！

材料と作り方　作りやすい分量

保存容器にしょうゆ200㎖、ローリエ1枚、にんにく（つぶす）3かけ分を入れ、一日以上おく。

食べたい時に、食べたい味を。

我が家ではサラダを毎食作って食べています。

とはいっても、決して特別なことをしているわけではなく、その日に買い物へ行き、目に入った刺身やじゃこ、海藻、ハム、のり、食感のよいナッツ類などを組み合わせるだけ。ときには、そこへ旬の果物なんかも合わせてみると、また違ったおいしさに。時間があれば、じゃこや油揚げを刻んでカリカリに炒めたり、れんこんを素揚げしたりしますが、基本は全て生のまま調理していただきます。

オリーブオイルと塩とレモンの組み合わせなら、ほとんど何にでも合わせられますし、和風にしたいときはオリーブオイルとしょうゆ、中華風に仕上げるときはごま油を使い、韓国風ならそこへコチュジャンなどを混ぜればよいのです。塩をハーブ塩に代えたり、酸味はバルサミコ酢やワインビネガーなど、いろいろな種類の酢を試してみたり、酸味に柑橘やいちご、キウイなどのフルーツを使ってみても面白い。

ようは、なんでもいいのです。ポイントは2つだけ。

オイルだけを口にしてもおいしいと思えるものを使うこと、そして、ドレッシングは調味料とオイルが分離しやすいので、調味料を容器に入れてよく混ぜてから、最後にオイルを加えてよく混ぜて乳化させることが大切です。

PART 6

何度も何度も作る我が家の定番作りおき

我が家では毎週、作りおきおかずを数品作るのが定番。朝食や物足りないときの一品にあると便利です。平岡家でリピート必至の大人気のおかずをご紹介！

かぼちゃとゆで卵のサラダ

甘みがあってクリーミーな一品

冷蔵 約5日

材料 作りやすい分量

かぼちゃ…½個

A
生クリーム…大さじ2／塩…小さじ¼
黒こしょう…少々

紫玉ねぎ…¼個

ゆで卵…2個

B
マヨネーズ…大さじ6／EVオリーブオイル…大さじ2
塩・黒こしょう…各少々

作り方

1 かぼちゃは種とワタを取り除き、蒸気の上がった蒸し器で15分ほど、竹串がすっと刺さるくらいまで蒸す(電子レンジの場合は、ひと口大に切ってから7分加熱)。ボウルに移してすぐにつぶし、Aを加え、粗熱を取る。

2 紫玉ねぎは薄切りにし、長さを半分に切り、さっと水にさらし、水けをきる。

3 1に食べやすい大きさに割ったゆで卵、2、Bを加えて混ぜる。

マカロニサラダ

ド定番の作りおきサラダは隠し味がポイント

冷蔵 約5日

材料 作りやすい分量

マカロニ…200g／きゅうり…1本

塩…小さじ½／ハム…4枚

紫玉ねぎ…⅙個／ゆで卵…2個

A
マヨネーズ…大さじ5／EVオリーブオイル…大さじ1
カレー粉…小さじ¼／塩・黒こしょう…各少々
はちみつ…小さじ1

作り方

1 マカロニは袋の表示より2分ほど長くゆでる。きゅうりは2㎜幅の輪切りにし、塩揉みしてから水けをしっかりきる。ハムは細切りにする。紫玉ねぎは薄切りにし、長さを半分に切り、さっと水にさらし、水けをきる。

2 ボウルに1、食べやすい大きさに割ったゆで卵、Aを入れ、和える。

にんじんラペ

甘みと食感が楽しい

材料　作りやすい分量

にんじん…2本
塩…小さじ½
くるみ（ローストしたもの）…25g
レーズン…30g
A
EVオリーブオイル…大さじ3
ホワイトバルサミコ酢または寿司酢（市販）…大さじ1
塩…2〜3つまみ
黒こしょう…少々

作り方

1 にんじんは細切りにし（スライサーを使ってもよい）、塩揉みして水けをよくきる。くるみは粗く刻む。

2 ボウルに1、レーズン、Aを入れ、和える。

紫キャベツラペ

おしゃれな一皿に最適

材料　作りやすい分量

紫キャベツ…¼個
塩…2〜3つまみ
EVオリーブオイル…大さじ2
りんご酢…大さじ1
はちみつ…小さじ½

作り方

1 紫キャベツは3mm幅のせん切りにし、塩揉みして水けをよくきる。

2 ボウルに1、オリーブオイル、りんご酢、はちみつを入れ、和える。

ブロッコリーとじゃこのナムル

モリモリ食べて元気に！

材料　作りやすい分量

ブロッコリー……1株
ちりめんじゃこ……20g
ごま油……大さじ2
塩……少々
白炒りごま……大さじ1

作り方

1 ブロッコリーは食べやすい大きさに切って塩ゆでし、水けをきり、冷ます。

2 ボウルに1、ちりめんじゃこ、ごま油、塩、白炒りごまを入れ、和える。

小松菜のお浸し

毎日のビタミン補給に

材料　作りやすい分量

小松菜……1～2束

A
和風だし汁……120㎖
薄口しょうゆ……大さじ1
酒……小さじ1と½

作り方

1 小松菜は塩ゆでし、冷水にさらす。水けをきり、3㎝幅に切る。

2 鍋にAを入れて煮立て、冷ます。

3 保存容器に2、1を入れ、浸す。

きのこの塩炒め

旨みたっぷり洋風炒め

材料 作りやすい分量

しめじ・エリンギ・しいたけ・えのきだけ（お好みのきのこでよい）……合わせて500g
EVオリーブオイル……大さじ4
にんにく（みじん切り）……1かけ分
塩……小さじ1
酒……小さじ1
白だし……小さじ2

作り方

1 きのこはキッチンペーパーなどで汚れをはらう。それぞれ石づきを取り除き、ほぐしたり、切ったりして食べやすい大きさにする。

2 フライパンにオリーブオイルを熱し、にんにくを弱火で炒める。香りが出たら1を加えて炒め、きのこに油が回ったら塩、酒、白だしを加え、水分がなくなるまで炒める。

冷蔵
約5日
最後のほうは、パスタなどに入れて加熱して食べるとよい。
冷蔵
約3日

オクラの梅おかか和え

朝ごはんやお弁当にも

材料 作りやすい分量

オクラ……12本
梅干し……大2個
EVオリーブオイル……小さじ2
薄口しょうゆ……小さじ1
かつお節……約8g

作り方

1 オクラは板ずりし、ヘタとガクを切り落とし、ゆでる。冷水にさらし、水けをきり、1cm幅の輪切りにする。梅干しは種を取り除き、たたく。

2 ボウルに1、オリーブオイル、薄口しょうゆ、かつお節を入れ、和える。

かぶときゅうりの昆布浅漬け

さっぱりとした箸休めに

材料　作りやすい分量

かぶ……2個
きゅうり……1本
塩……小さじ1と½
味の素……ほんの少々
昆布……8㎝四方1枚

作り方

1 かぶは6等分のくし形切りにする。きゅうりは乱切りにする。

2 ジッパーつき保存袋に1、塩、味の素、昆布を入れてよく揉み込み、冷蔵庫で3時間以上漬ける。

カクテキ

たらこで旨みをアップ

材料　作りやすい分量

大根……1本（約1kg）

粗塩……大さじ1と½
小ねぎ……⅓束
たらこ……1腹
砂糖……大さじ1
はちみつ……大さじ1
粉唐辛子……大さじ3
A にんにく（すりおろし）……大さじ1
　しょうが（すりおろし）……大さじ1
白炒りごま……大さじ3

作り方

1 大根はきれいに洗って皮ごと2㎝角に切る。ボウルに入れて粗塩をふり、ボウルを揺すって全体をよく混ぜる。少し水分が出るまで30分ほどおき、ザルにあげて水けを自然にきる。

2 小ねぎは小口切りにする。たらこは身をこそげ取る。

3 ボウルに1、砂糖を入れ、ボウルを揺すって全体をよく混ぜる。はちみつ、粉唐辛子を加えて混ぜ、A、2を加えて全体を混ぜ合わせ、白炒りごまをまぶす。保存容器に移し、冷蔵庫で半日ほど漬ける。

冷蔵
約1週間

白菜の塩漬け

材料　作りやすい分量

白菜……1/4個
粗塩……白菜の重量の3％
（大さじ1と1/2くらい）
赤唐辛子（種を取り除く）……1本分

作り方

1 白菜は水でさっと洗い、ざく切りにし、2〜3時間天日干しをする。粗塩をよくすり込み、赤唐辛子と一緒にジッパーつき保存袋に入れ、よく揉み込み、冷蔵庫で3時間以上漬ける。

たたきごぼう

材料　作りやすい分量

ごぼう……2本

A
白すりごま……大さじ4
酢……大さじ2
砂糖……大さじ1と1/2
しょうゆ……大さじ3

作り方

1 ボウルにAを入れ、混ぜ合わせる。

2 ごぼうは皮をこそげ取り、鍋に入るくらいの長さに切り、5分ほど酢水にさらす。

3 鍋に湯を沸かし、2をやわらかくなるまでゆで、水けをきる。

4 3を4㎝ほどに切りそろえ、たたいて食べやすい大きさにして1に加えて和える。

なめたけ

材料　作りやすい分量

えのきだけ……2袋
しょうゆ・みりん……各50㎖

作り方

1 えのきだけは1.5㎝幅に切る。

2 鍋に1、しょうゆ、みりんを入れて中火にかけ、アクが出たら取り除く。しんなりしてきたら火を止め、粗熱を取る。

ゆず大根

材料　作りやすい分量

大根……1/4本（約250g）
塩……3つまみ
ゆず……1/2個

A
米酢……大さじ2
砂糖……大さじ1と1/2

作り方

1 大根はいちょう切りにし、塩揉みして、水けをきる。ゆずは果汁を搾り、皮は白い部分を取り除き、せん切りにする。

2 1のゆず果汁とAをよく混ぜ合わせる。

3 ジッパーつき保存袋に大根、ゆずの皮、2を入れて揉み込み、冷蔵庫で3時間以上漬ける。

こんにゃくとピーマンのきんぴら

材料　作りやすい分量
ピーマン…4個／ちくわ…小4本
ごま油…大さじ2
糸こんにゃく（アク抜き済）…1袋
塩…少々／みりん・しょうゆ…各大さじ1
砂糖…小さじ2／白炒りごま…大さじ1

作り方
1 ピーマン、ちくわは細切りにする。
2 フライパンにごま油を熱し、糸こんにゃく、1を入れて炒める。しんなりとしてきたら塩をふって炒め、みりん、しょうゆ、砂糖を加えてさっと炒め、白炒りごまを加えて混ぜる。

しらたきたらこ

材料　作りやすい分量
しらたき（アク抜き済）…2袋
たらこ…1腹／ごま油…大さじ1
酒・薄口しょうゆ…各大さじ1
塩…少々

作り方
1 しらたきは食べやすい長さに切る。たらこは身をこそげ取る。
2 フライパンでしらたきをから炒りし、水分がなくなったら、ごま油、たらこ、酒、薄口しょうゆ、塩を加え、たらこの色が変わるまで炒める。

こんにゃくの甘辛炒め

材料　作りやすい分量
玉こんにゃく（アク抜き済）…400g
ごま油…小さじ2
A
みりん・しょうゆ…各50㎖
赤唐辛子（種を取り除き、半分にちぎる）…1本分
和風だしの素（顆粒）…小さじ¼
砂糖…大さじ1
白炒りごま…大さじ1／かつお節…約8g

作り方
1 フライパンにごま油を熱し、玉こんにゃくを入れてチリチリになるまで炒める。
2 Aを加えて炒め煮し、煮汁がなくなったら、白炒りごま、かつお節を加えて混ぜる。

しらたきとじゃこのペペロンチーノ

材料　作りやすい分量
しらたき（アク抜き済）…2袋
A
EVオリーブオイル…大さじ1
にんにく（みじん切り）…小1かけ分
赤唐辛子（輪切り）…小さじ2
ちりめんじゃこ…½カップ
くるみ（粗く刻んだもの）…大さじ2
刻みパセリ…大さじ1
B
酒…小さじ2／塩…小さじ¼
白だし…小さじ1

作り方
1 しらたきは食べやすい長さに切る。
2 フライパンでしらたきをから炒りし、水分がなくなったら、Aを加え、弱火でじっくり炒める。
3 ちりめんじゃこ、くるみ、パセリを加えて炒め、Bを加えて水分がなくなるまで炒める。

冷蔵
約5日

さつまいものクリームチーズとあんずジャム和え

あんずの酸味とクリームチーズのコクで、デザート感覚の一品

冷蔵 約5日

材料　作りやすい分量

さつまいも…大1本
クリームチーズ…100g
あんずジャム（果肉入りのもの）…大さじ4

作り方

1 さつまいもは皮つきのまま乱切りにし、水に5分ほどさらして水けをきる。蒸気の上がった蒸し器に入れて竹串がすっと刺さるくらいまで蒸し（または電子レンジで加熱し）、粗熱を取る。

2 クリームチーズは電子レンジで20秒加熱する。

3 ボウルに1、2、あんずジャムを入れ、和える。

3日過ぎからは、加熱して温かく食べるとよい。冷凍保存も約2週間可。

かぼちゃ、にんじん、パプリカのクリームスープ

緑黄色野菜がしっかり摂れる

材料　作りやすい分量

にんじん…1本
かぼちゃ…¼個
パプリカ(赤)…1個
バター…25g
にんにく(薄切り)…1かけ分
玉ねぎ(薄切り)…1個分
塩…小さじ¼
チキンコンソメ(固形)…2個
ローリエ…2枚
生クリーム…200㎖
塩・黒こしょう…各適量

作り方

1 にんじんは半月切りにし、かぼちゃは種とワタを取り除き、皮をむいて2㎝角に切る。パプリカは2㎝四方に切る。

2 鍋にバターを熱し、にんにく、玉ねぎ、塩を入れて炒め、しんなりしたら1を加え、しんなりするまで炒める。ひたひたの水(分量外)を入れ、チキンコンソメ、ローリエを加え、かぼちゃが煮崩れるまで煮込む。

3 2をミキサーで撹拌し、鍋に戻して生クリームを加え、塩、黒こしょうで味をととのえる。

＊冷やしてもおいしい。刻みパセリやクルトンを加えても。

切り干し大根の煮もの

白いごはんにたっぷりのせて食べたい定番の常備菜

冷蔵 約1週間

材料　作りやすい分量

切り干し大根…20g
にんじん…⅓本
油揚げ…1枚
ちくわ…小4本
お好みの植物油…小さじ1

A
和風だし汁…150㎖
酒…50㎖
みりん…50㎖
しょうゆ…大さじ2
砂糖…大さじ1

作り方

1 切り干し大根はさっと洗い、たっぷりの水に20分ほど浸けて戻し、水けをきる。にんじんは細切りにし、油揚げは湯通しし、横半分の長さに切り、細切りにする。ちくわは斜め薄切りにする。

2 鍋に植物油を熱し、にんじん、切り干し大根を炒め、にんじんに油が回ったら、油揚げ、ちくわ、Aを加える。煮立ったら落とし蓋をし、弱火で10分ほど煮る。

切り干し大根の甘酢漬け

きくらげと切り干し大根の食感を楽しんで

冷蔵 約1週間

材料　作りやすい分量

切り干し大根…50g
きくらげ(乾燥)…10g
にんじん…大½本
セロリ…1本
塩…ふたつまみ

A［米酢…大さじ4／塩…ふたつまみ
砂糖・しょうゆ…各大さじ1と½

B［白炒りごま…大さじ2／ごま油…大さじ1と½

作り方

1 切り干し大根はさっと洗い、たっぷりの水に5分ほど浸けて戻し、さっと湯通しし、水けをきる。きくらげは水で戻し、2分ほど下ゆでしてから細切りにする。

2 にんじんはせん切りにし、セロリは筋を取り除き、せん切りにする。ボウルに入れて塩揉みし、5分ほどおいてから水けをきる。

3 ボウルにAを入れて砂糖を溶かすように混ぜ、1、2を加えてさっと和える。仕上げにBを加えて和え、冷蔵庫で20分以上漬ける。

ひじき煮

ごはんによく合う、昔ながらの
しみじみとした煮もの

冷蔵
約1週間

最後のほうは、チャーハンや炊き込みごはんの具にしたりして加熱して食べるとよい。

材料　作りやすい分量

ひじき（乾燥）……12g
油揚げ……2枚
にんじん……小1本
こんにゃく（アク抜き済）……½枚

A
和風だし汁……100mℓ
酒……50mℓ
みりん……50mℓ
しょうゆ……大さじ5
砂糖……大さじ4

作り方

1 ひじきはきれいに洗ってから、水に15分ほど浸けて戻し、水の色が澄むまでよく洗う。油揚げは湯通しし、短冊切りにする。にんじんは3cm長さの細切りにする。こんにゃくは短冊切りにする。

2 鍋に**A**を入れて煮立て、**1**を加え、時々混ぜながら汁けがなくなるまで煮含める。

厚揚げとこんにゃくのごま煮

コクのあるごまたっぷりの煮ものはボリューム満点！

冷蔵
約5日

材料　作りやすい分量

厚揚げ…2枚
こんにゃく（アク抜き済）…2枚
A
和風だし汁…600㎖
しょうゆ…100㎖
みりん…100㎖
酒…50㎖
砂糖…大さじ3
白すりごま…大さじ5

作り方

1 厚揚げは熱湯でさっとゆでて油抜きをし、十字に4等分に切る。こんにゃくは半分に切ってからさらに斜め半分に切って三角形にする。

2 鍋にAを入れて火にかけ、煮立ったら1を加え、落とし蓋をして弱火で20分ほど煮る。白すりごまを加え、さらに5分ほど煮含め、完全に冷ます。

ゆで卵と小えびのサラダ

サワークリームとマヨネーズの満足度の高いデリ風サラダ

冷蔵 約3日

材料　作りやすい分量

ゆで卵（かためにゆでたもの）……6個
ディル……3枝
ゆで小えび……20尾
マヨネーズ……大さじ4
サワークリーム……大さじ3
塩・黒こしょう……各少々

作り方

1 ゆで卵は半分に切る。ディルは葉を摘み、刻む。
2 ボウルに1、残りの材料を全て入れ、混ぜる。

ゆで鶏ささみ

いろんな料理に使える

材料　作りやすい分量

鶏ささみ……10本

A
- 水……1ℓ
- しょうが(薄切り)……1かけ分
- にんにく(つぶす)……1かけ分
- 長ねぎ(青い部分)……1本分
- 酒……50mℓ
- 塩……小さじ1

ナンプラー……小さじ2

作り方

1 鍋に鶏ささみ、**A**を入れて火にかけ、煮立たせないようにギリギリの火加減で5分ほどゆで、火を止め、そのまま冷ます。冷めたらナンプラーを加える。

冷蔵 約3~4日

鶏そぼろ

ごはんや卵焼きの具に

材料　作りやすい分量

鶏ひき肉……350g

A
- しょうが(すりおろし)……1かけ分
- しょうゆ……大さじ2と½
- 砂糖・みりん・酒……各大さじ1
- 塩……ふたつまみ

作り方

1 鍋にひき肉、**A**を入れ、よく混ぜてから中火にかける。ぽろぽろになって水分がなくなるまで加熱する。

＊耐熱ボウルに入れてラップをふんわりとかけ、電子レンジで2分30秒加熱し、加熱後すぐによく混ぜて作ってもよい。

最後のほうは、チャーハンや炊き込みごはん、春巻きの具などにして加熱して食べるとよい。

冷蔵 約1週間

レバーの甘辛煮

疲れたときにしっかり食べたい
鉄分補給の甘辛常備菜

冷蔵
約3~4日

材料　作りやすい分量

鶏レバー・鶏ハツ・砂肝…合わせて800gくらい
（レバーを買うとハツもついてくることがある）

A
しょうが（せん切り）…大1かけ分
しょうゆ…200㎖
砂糖…大さじ5~6
みりん…大さじ3
酒…大さじ2

作り方

1 レバーは筋や血管を取り除いて氷水に30分ほど浸し、冷水でよく洗う。ハツは脂を取り除き、半分に切って中にある血を取り除き、さっと洗う。砂肝は半分に切る。

2 1を色が変わるまでさっと下ゆでする。

3 鍋にAを入れて煮立て、2を加えて落とし蓋をし、弱火でコトコト10~15分煮る。

レバーペースト

バゲットや生野菜のディップに

冷蔵 約1週間

材料　作りやすい分量

鶏レバー…400g／無塩バター…50g

A［玉ねぎ（みじん切り）…½個分
　にんにく（みじん切り）…½かけ分

赤ワイン…大さじ3

B［塩…小さじ¼／黒こしょう…少々
　ローリエ…1枚

生クリーム…大さじ5／塩・黒こしょう…各適量

作り方

1 レバーは筋や血管を取り除いて氷水に30分ほど浸し、冷水でよく洗う。

2 鍋にバター25g、Aを入れて中火にかけ、玉ねぎが透明になるまで炒める。1を水けをきって加え、表面の色が変わったら赤ワインを加える。煮立ったらひたひたの水（分量外）、Bを加え、再び煮立ったらアクを取り除き、汁けがなくなるまで煮て、そのまま冷ます。

3 2からローリエを取り除いてフードプロセッサーに入れ、なめらかになるまで撹拌する。生クリーム、バター25gを加えてさらに撹拌する。塩、黒こしょうで味をととのえる。

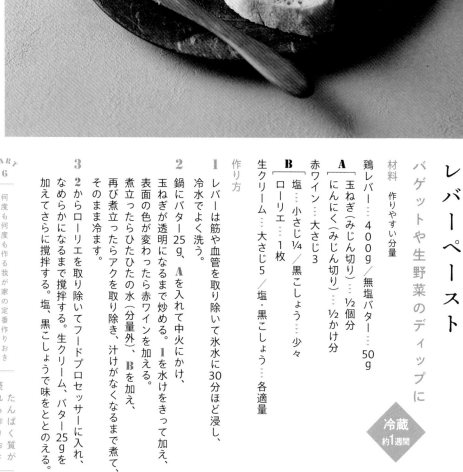

さくいん

平岡淳子
ひらおか・じゅんこ

フードコーディネーター。東京下町暮らし。お米マイスター、野菜ソムリエとしても活躍。雑誌や書籍、Webサイトでレシピの提案、調理、スタイリングを行っている。主宰している料理教室では、日本ならではの四季を感じられる旬の食材をふんだんに使った作りやすいおうちごはんとして、シンプルでおいしい、さまざまなジャンルのレシピを提案している。著書に『平岡淳子のこれからの定番ごはん』、『決定版！毎日食べたい！作りおきのラクうま野菜おかず350』、『決定版！朝つめるだけで簡単！作りおきのラクうま弁当350』（全てナツメ社）などがある。

◆ Instagram
平岡淳子毎日のおかず教室（@hiraokajunko）

撮影　中垣美沙
スタイリング　阿部まゆこ
デザイン　アルビレオ
調理アシスタント　母・由美子
編集協力／執筆協力　丸山みき（SORA企画）
編集アシスタント　岩本明子　大西綾子　秋武絵美子　永野廣美（SORA企画）
編集担当　齋藤友里（ナツメ出版企画）

名《な》もなき小《ちい》さなおかず帖《ちょう》

2024年6月3日　初版発行

著　者　平《ひら》岡《おか》淳《じゅん》子《こ》
発行者　田村正隆
発行所　株式会社ナツメ社
〒一〇一-〇〇五一
東京都千代田区神田神保町一-五二ナツメ社ビル一階
電話　〇三-三二九一-一二五七（代表）
FAX　〇三-三二九一-五七六一
振替　〇〇一三〇-一-五八六六一
制　作　ナツメ出版企画株式会社
〒一〇一-〇〇五一
東京都千代田区神田神保町一-五二ナツメ社ビル三階
電話　〇三-三二九五-三九二一（代表）
印刷所　図書印刷株式会社

ISBN978-4-8163-7533-0　Printed in Japan

本書に関するお問い合わせは、書名・発行日・該当ページを明記の上、左記のいずれかの方法にてお送りください。電話でのお問い合わせはお受けしておりません。
・ナツメ社webサイトの問い合わせフォーム https://www.natsume.co.jp/contact
・FAX（03-3291-1305）
・郵送（右記、ナツメ出版企画株式会社宛て）
なお、回答までに日にちをいただく場合があります。正誤のお問い合わせ以外の書籍内容に関する解説・個別の相談は行っておりません。あらかじめご了承ください。